Jacqueline Lagacé, Ph. D.

Recettes gourmandes

contre la douleur chronique

Jacqueline Lagacé, Ph. D.

Recettes gourmandes

contre la douleur chronique

Avec la collaboration de **Louise Labrèche**, **Louise Côté**
et les chefs **Kévin Bélisle** et **Jean-Marc Enderlin**
du Spa Eastman

FIDES

Direction éditoriale : Guylaine Girard
Direction artistique : Bruno Lamoureux
Conception graphique et mise en pages : Bruno Lamoureux
Coordination : Jenny de Jonquières

Photographies : Tango photographie
Styliste culinaire : Véronique Gagnon-Lalanne
Accessoiriste : Luce Meunier

Sauf p. 30 : © RachelDewis/iStockphoto.com ; p. 138 : © rjgrant/iStockphoto.com ; p. 162 : © santje09/
iStockphoto.com ; p. 172 : © zkruger/iStockphoto.com ; p. 179 : © AlenaKogotkova/iStockphoto.com ;
p. 215 : © sematadesign/iStockphoto.com ; p. 258 : © Shaiith/iStockphoto.com.

*Catalogage avant publication de Bibliothèque et Archives nationales du Québec
et Bibliothèque et Archives Canada*

Lagacé, Jacqueline, 1942-

Recettes gourmandes contre la douleur chronique

ISBN 978-2-7621-3663-0 [édition imprimée]
ISBN 978-2-7621-3664-7 [édition numérique PDF]
ISBN 978-2-7621-3665-4 [édition numérique ePub]

1. Inflammation (Pathologie) — Diétothérapie — Recettes.   2. Livres de cuisine.
I. Labrèche, Louise.   II. Côté, Louise, 1949– .   III. Bélisle, Kévin.   IV. Enderlin, Jean-Marc.
V. Titre.

RB131.L342 2013   641.5'631   C2013-941597-1

Dépôt légal : 4e trimestre 2013
Bibliothèque et Archives nationales du Québec
© Groupe Fides inc., 2013

La maison d'édition reconnaît l'aide financière du Gouvernement du Canada par l'entremise
du Fonds du livre du Canada pour ses activités d'édition. La maison d'édition remercie de leur
soutien financier le Conseil des Arts du Canada et la Société de développement des entreprises
culturelles du Québec (SODEC). La maison d'édition bénéficie du Programme de crédit d'impôt
pour l'édition de livres du Gouvernement du Québec, géré par la SODEC.

IMPRIMÉ AU CANADA EN OCTOBRE 2013

À tous ceux et celles qui s'intéressent à une alimentation conforme à leur génétique et à l'équilibre écologique de notre environnement, non seulement pour conserver ou retrouver la santé, mais également pour assurer la santé des générations suivantes.

Remerciements

Je veux remercier Hubert, mon conjoint, pour son amour et son soutien indéfectible. Un merci spécial à ma fille Magali Simard et son conjoint Alain Dubois, pour leur aide technique dans l'administration de mon blogue, ainsi qu'à mon fils, Paul-André Simard, pour ses critiques constructives. Je veux remercier mes deux exceptionnelles collaboratrices, Louise Labrèche et Louise Côté, qui ont démontré une créativité peu commune, une grande capacité de travail, et tout cela dans la bonne humeur et le plaisir partagé. Je veux également remercier Émile et Gilles, les conjoints des deux Louise, qui à titre de « dégustateurs critiques », se sont impliqués avec bonheur dans le choix des « meilleures recettes ».

Un merci spécial à Jocelyna Dubuc, directrice générale du Spa-Eastman, pour son rôle de pionnière dans le développement au Québec d'une cuisine santé et énergisante qui respecte les convictions des différents individus. Merci d'avoir accepté mon invitation à participer à la création de ce livre de recettes avec ses deux talentueux chefs cuisiniers, Kévin Bélisle et Jean-Marc Enderlin.

Je tiens à remercier tous les collaborateurs des Éditions Fides pour leur implication, leur travail minutieux et leur désir de réaliser des livres de grande qualité. Il s'agit ici plus particulièrement de Guylaine Girard, direction de l'édition, Bruno Lamoureux, direction artistique, conception graphique et mise en pages et Jenny de Jonquières, responsable de la coordination. Un grand merci aux artisans de Tango pour la grande qualité des photos.

Introduction

La publication en 2011 de mon livre sur l'alimentation hypotoxique[1] suivie la même année d'un livre de recettes[2] conforme à cette alimentation a eu une influence réelle sur les choix alimentaires d'un bon nombre de Québécois. Depuis ce temps, le bouche à oreille a fait son chemin (voir les témoignages[3]) et un nombre croissant d'individus a pu constater les effets bénéfiques de l'alimentation hypotoxique sur leur santé. L'offre d'aliments conformes au régime hypotoxique a suivi parallèlement une courbe ascendante démontrant par le fait même la puissance de notre pouvoir d'achat qui peut obliger le producteur, l'industrie alimentaire et l'épicier à respecter nos choix alimentaires. Il faut reconnaître que la sortie de mes livres a coïncidé avec la conscientisation d'une partie non négligeable de la population face aux dangers d'une alimentation de plus en plus dénaturée, car toujours plus transformée par notre industrie agroalimentaire. Qu'il suffise de mentionner la part grandissante des OGM (organismes génétiquement modifiés) ainsi que des pesticides qui leur sont associés dans notre alimentation transformée et dans celle des animaux de ferme nourris presque exclusivement de grains OGM, alors que ces animaux contribuent largement à notre alimentation.

Mon premier livre de recettes avait pour but de répondre dans l'immédiat aux interrogations des gens qui désiraient suivre le régime hypotoxique, mais qui ne savaient pas « par où commencer ». Ce livre donnait donc des informations de base (caractéristiques, qualités nutritives, etc.) sur les différentes céréales, pseudo-céréales et additifs qui permettent de remplacer

---

1. *Comment j'ai vaincu la douleur et l'inflammation chronique par l'alimentation*
2. *Cuisiner pour vaincre la douleur et l'inflammation chronique*
3. jacquelinelagace.net

11

celles qui contiennent du gluten, tel le blé. On y trouvait également des informations sur l'indice glycémique, l'indice PRAL (acidité) et autres précisions sur certains aliments. Les recettes de ce livre se voulaient simples, pratiques, nourrissantes et se devaient d'avoir plu aux familles et amis des auteures. Les recettes étaient issues des expérimentations et adaptations personnelles des auteures, car ces dernières avaient adopté l'alimentation hypotoxique pour résoudre leurs propres problèmes d'inflammation chronique.

Le second livre de recettes se veut plus gourmand et créatif, tout en restant simple d'exécution. Deux équipes indépendantes ont participé à l'élaboration de ce livre. Nous sommes trois adeptes de l'alimentation hypotoxique à composer la première équipe: Louise Labrèche, Louise Côté et moi-même. La participation des deux Louise a été retenue en raison de l'excellence incontestable de leurs talents culinaires et de leurs goûts pour une cuisine internationale.

La seconde partie du livre de recettes découle d'un accord survenu avec la directrice générale du Spa Eastman, Jocelyna Dubuc. Cet accord a été conclu à la suite d'une dégustation de différents plats hypotoxiques exécutés par le chef cuisinier Kevin Bélisle et son collaborateur Jean-Marc Enderlin, un nutrithérapeute spécialisé en cuisine hypotoxique. Je dois dire que j'ai été tellement impressionnée par la saveur des différents plats hypotoxiques auxquels j'ai goûté au restaurant du Spa Eastman, que je leur ai demandé, dès l'automne 2012, de participer à mon livre de recettes sur lequel mon équipe travaillait depuis l'été 2012. Il semble que je ne suis pas la seule à apprécier la qualité gustative de leurs plats puisque Kévin Bélisle vient d'être honoré (mai 2013) Chef Santé 2013 par la Société des chefs cuisiniers et pâtissiers du Québec.

À la fin du livre, trois articles abordent des sujets qui touchent directement le choix de nos aliments: 1) La mise à jour des dangers potentiels des OGM et des pesticides ainsi que leur influence sur le développement des maladies d'inflammation chronique; 2) La remise en cause de la pertinence de l'indice glycémique comme guide dans le choix de nos aliments; 3) Les fibres alimentaires et leurs rôles dans le maintien de la santé.

JACQUELINE LAGACÉ, PH. D.

Sommaire

Les recettes gourmandes
des deux Louise
et de Jacqueline

Petits déjeuners

Barres d'énergie

375 ml (1 ½ tasse) de céréales de riz soufflé

250 ml (1 tasse) de flocons de quinoa

60 ml (¼ tasse) de noix de coco

60 ml (¼ tasse) de graines de sésame rôties

60 ml (¼ tasse) de graines de tournesol

125 ml (½ tasse) de noix, de noisettes ou autres

125 ml (½ tasse) de canneberges rôties

125 ml (½ tasse) de beurre d'arachide ou d'amande

310 ml (1 ¼ tasse) de lait végétal

Préchauffer le four à 160 °C (325 °F).

Tapisser de papier parchemin huilé un moule carré de 20 cm (8 po).

Dans un bol, bien mélanger tous les ingrédients avec une cuillère de bois. Verser le mélange dans le moule et bien presser le tout.

Cuire environ 40 minutes ou jusqu'à ce que la préparation soit dorée. Laisser reposer 10 minutes.

Retirer les barres du moule en soulevant le papier, laisser refroidir 15 minutes sur une grille à gâteau.

Couper en 6 rangées égales, puis couper chaque rangée en 4.

Transférer les barres sur une lèchefrite et laisser sécher au four 15 minutes pour assécher.

Laisser refroidir les barres au moins 1 h avant de les transférer dans un contenant hermétique.

Cake au jambon

Ce « cake » est délicieux le matin au petit déjeuner
et peut être servi aussi à l'apéritif.

Pour 8 à 10 personnes

4 œufs

125 ml (½ tasse) d'huile d'olive
extra-vierge pressée à froid

250 ml (1 tasse) de farine
sans gluten

5 ml (1 c. à thé) de gomme de guar
ou de xanthane

7 ml (1 ½ c. à thé) de poudre à pâte

2,5 ml (½ c. à thé) de sel

125 ml (½ tasse) d'olives vertes
en morceaux

125 ml (½ tasse) de jambon blanc,
en petits cubes

125 ml (½ tasse) de tomates
séchées hachées grossièrement

60 ml (¼ tasse) de pistaches
ou noisettes écalées en morceaux
(facultatif)

Préchauffer le four à 180 °C (350 °F).

Chemiser un moule à cake de papier parchemin.

Dans un grand bol, fouetter les œufs jusqu'à ce
qu'ils soient légers. Ajouter l'huile.

Réserver.

Dans un autre bol, bien mélanger les ingrédients
secs. Incorporer le jambon, les olives, les tomates
séchées et les pistaches.

À l'aide d'une spatule, incorporer le mélange
de farine aux œufs.

Cuire au four 5 minutes, baisser le four à
150 °C (300 °F) et poursuivre la cuisson environ
45 minutes, jusqu'à ce qu'une lame insérée
au milieu en ressorte propre.

Cretons aux lentilles rouges

Pour 4 à 6 personnes

180 ml (¾ tasse) de lentilles rouges crues

30 ml (2 c. à soupe) d'huile d'olive extra-vierge pressée à froid

180 ml (¾ tasse) d'oignon (rouge de préférence) haché finement et bien tassé

2 gousses d'ail pressées ou hachées finement

375 ml (1 ½ tasse) d'eau

5 ml (1 c. à thé) d'assaisonnement au soja liquide sans gluten (Bragg) (voir p. 338)

15 ml (1 c. à soupe) du mélange d'épices à l'ancienne*

* Ciboulette, ail, oignon, graines de moutarde, persil (Les Épices de Marie Michèle).

Bien laver les lentilles dans l'eau froide en changeant l'eau plusieurs fois.

Dans une grande poêle, à feu moyen-doux, chauffer l'huile d'olive et faire revenir l'oignon, l'ail et les lentilles pendant 3 minutes.

Ajouter l'eau et mélanger avec l'assaisonnement au soja et le mélange d'épices.

Cuire pendant environ 10 minutes en remuant. Si la consistance est trop épaisse, ajouter un peu d'eau. Éviter de trop cuire ; la texture doit être semblable à celle de cretons à la viande.

Verser dans de petits bols et laisser refroidir au réfrigérateur. Ces cretons peuvent être congelés.

Suggestion
Pour varier, au lieu de l'assaisonnement au soja et du mélange d'épices à l'ancienne, utiliser comme assaisonnement :

▸ 2 ml (½ c. à thé) de sel marin
▸ une pincée de clou de girofle moulu
▸ une pincée de cannelle moulue

Crêpes au quinoa

80 ml (⅓ tasse) de farine de riz

80 ml (⅓ tasse) de farine de quinoa

80 ml (⅓ tasse) de flocons
de quinoa

30 ml (2 c. à soupe) de sucanat

5 ml (1 c. à thé) de poudre à pâte

5 ml (1 c. à thé) de bicarbonate
de soude

1 pincée de sel

30 ml (2 c. à soupe) de graines
de sésame

310 ml (1 ⅓ tasse) de lait végétal

5 ml (1 c. à thé) de jus de citron

2 œufs séparés

30 ml (2 c. à soupe)
d'huile végétale

Dans un bol, mélanger les ingrédients secs.

Ajouter le jus de citron au lait. Réserver.

Dans un autre bol, battre les jaunes d'œufs,
le lait et l'huile. Ajouter graduellement
les ingrédients secs.

Monter les blancs en neige avec une pincée
de sel et incorporer avec la spatule au mélange
de jaunes d'œufs.

Huiler une poêle antiadhésive et y verser 65 ml
(¼ tasse) de préparation à la fois, ce qui donne
des crêpes de 10 cm (4 po) environ.

Gaufres

Les gaufres se congèlent très bien et sont très appréciées
pour un petit déjeuner rapide.

Pour 4 personnes

2 œufs

250 ml (1 tasse) de lait végétal

**250 ml (1 tasse)
de farines sans gluten :**
⅓ de farine de riz
⅓ de farine de tapioca
⅓ de farine de quinoa ou de sarrasin

**5 ml (1 c. à thé) de gomme de guar
ou de xanthane**

5 ml (1 c. à thé) de poudre à pâte

**5 ml (1 c. à thé) de bicarbonate
de soude**

2 ml (½ c. à thé) de sel

**30 ml (2 c. à soupe) d'huile d'olive
extra-vierge pressée à froid**

Préchauffer le gaufrier.

Dans un bol, battre les œufs et ajouter le lait.

Dans un autre bol, mélanger les farines, la gomme
de guar, la poudre à pâte, le bicarbonate de soude
et le sel.

Graduellement, ajouter la préparation d'œufs
aux ingrédients secs. Ajouter l'huile.

Verser la quantité nécessaire sur les grilles,
fermer le couvercle et cuire jusqu'à ce que
les gaufres soient dorées.

Servir avec du sirop d'érable et des fruits.

Laisser bien refroidir avant de congeler.

Suggestion
On peut ajouter une poignée de bleuets dans la préparation
ou le zeste d'un demi-citron.

Muffins aux bananes et bleuets

Donne 12 muffins

500 ml (2 tasses) de farine
sans gluten
(voir farines sans gluten p. 139)

10 ml (2 c. à thé) de poudre à pâte

5 ml (1 c. à thé) de bicarbonate
de soude

10 ml (2 c. à thé) de gomme
de guar ou de xanthane

1 pincée de sel

80 ml (⅓ tasse) de sucanat

375 ml (1 ½ tasse) de lait végétal

2 gros œufs légèrement battus

80 ml (⅓ tasse) d'huile d'olive
extra-vierge pressée à froid

2 bananes en purée

250 ml (1 tasse) de bleuets frais
ou congelés

Préchauffer le four à 180 °C (350 °F).

Huiler un moule à 12 muffins.

Mélanger la farine, la poudre à pâte, le bicarbonate, la gomme de guar ou de xanthane, le sel et le sucanat dans un grand bol.

Faire un puits au centre et verser le lait, l'œuf battu, l'huile et les bananes. Mélanger rapidement les ingrédients. Ajouter les bleuets.

Verser la pâte dans les moules et ajouter quelques bleuets sur le dessus ainsi qu'une pincée de sucre.

Cuire 25-30 minutes, jusqu'à ce que les muffins soient gonflés et brun doré. Refroidir quelques minutes et démouler.

Muffins aux courgettes et noix

Ces muffins sont moelleux et très nourrissants.

Donne 9 muffins

2 œufs

60 ml (¼ tasse) de sucanat

125 ml (½ tasse) de lait végétal

**60 ml (¼ tasse) d'huile de canola
biologique** (voir p. 339)

**125 ml (½ tasse)
de courgette râpée**

5 ml (1 c. à thé) de vinaigre

**310 ml (1 ¼ tasse) de farine
sans gluten** ou
125 ml (½ tasse) de farine de riz
125 ml (½ tasse) de farine
   de pois chiche
60 ml (¼ tasse) de fécule
   de pomme de terre

10 ml (2 c. à thé) de poudre à pâte

2 ml (½ c. à thé) de sel

**5 ml (1 c. à thé) de gomme de guar
ou de de xanthane**

**125 ml (½ tasse) de noix de pacane
ou de Grenoble**

Préchauffer le four à 180 °C (350 °F).

Huiler un moule à muffins.

Dans un bol, mélanger au fouet les œufs, le sucanat, le lait, l'huile, le vinaigre et la courgette.

Mélanger dans un grand bol la farine, la poudre à pâte, le sel, la gomme de guar ou de xanthane et les noix de pacane ou de Grenoble.

Ajouter les ingrédients secs à la préparation liquide et mélanger.

Verser la préparation dans le moule préparé. Cuire au four environ 25 à 30 minutes.

Refroidir sur une grille.

Variante
Remplacer la 125 ml (½ tasse) de courgettes par 125 ml (½ tasse) de compote de pommes en ajoutant 5 ml (1 c. à thé) de vanille et 1 ml (¼ c. à thé) de cannelle.

Pain à l'abricot

Ce pain est tout aussi délicieux le matin au déjeuner qu'à la collation.

Donne 1 pain

250 ml (1 tasse) de jus d'orange

125 ml (½ tasse) d'abricots séchés hachés

125 ml (½ tasse) de noix hachées (de Grenoble, noisettes ou amandes)

2 œufs battus

60 ml (¼ tasse) de margarine fondue ou d'huile végétale

5 ml (1 c. à thé) de vanille

430 ml (1 ¾ tasse) de farine sans gluten

80 ml (⅓ tasse) de sucanat ou de miel

10 ml (2 c. à thé) de poudre à pâte

5 ml (1 c. à thé) de bicarbonate de soude

10 ml (2 c. à thé) de gomme de guar ou de xanthane

1 pincée de muscade moulue

Confiture d'abricots

Préchauffer le four à 180 °C (350 °F).

Tapisser un moule à pain de 22,5 × 12,5 cm (9 × 5 po) de papier parchemin.

Dans un bol, mélanger le jus d'orange, les abricots, les noix, les œufs battus, la margarine et la vanille.

Dans un grand bol, mélanger la farine, le sucanat, la poudre à pâte, le bicarbonate de soude, la gomme de guar ou de xanthane et la muscade.

Ajouter lentement les ingrédients secs au mélange liquide. Bien mélanger.

Mettre la préparation dans le moule et cuire 40 à 45 minutes ou jusqu'à ce qu'une lame de couteau insérée au centre en ressorte propre.

Chauffer à feu doux la confiture d'abricots pour la rendre liquide et badigeonner le pain. Refroidir.

Pains aux courgettes de mamie Lou

Donne 2 pains

250 ml (1 tasse) de farine de riz brun

250 ml (1 tasse) de farine de quinoa

125 ml (½ tasse) de fécule de tapioca

125 ml (½ tasse) de farine d'amarante ou de fécule de pomme de terre

5 ml (1 c. à thé) de sel

5 ml (1 c. à thé) de bicarbonate de soude

10 ml (2 c. à thé) de gomme de guar ou de xanthane

15 ml (1 c. à soupe) de cannelle

5 ml (1 c. à thé) de poudre à pâte

125 ml (½ tasse) de sucanat en poudre

3 gros œufs

250 ml (1 tasse) d'huile de tournesol ou autre huile végétale

5 ml (1 c. à thé) de vanille

500 ml (2 tasses) de courgettes râpées

250 ml (1 tasse) de raisins secs

250 ml (1 tasse) de noix hachées

Préchauffer le four à 180 °C (350 °F).

Graisser deux moules à pain de 20 cm (8 po) de long par 10 cm (4 po) de large et 6 cm (2 ½ po) de haut. Couvrir le fond de papier parchemin et le graisser.

Mélanger les ingrédients secs et réserver.

Au batteur électrique, battre les œufs et le sucanat jusqu'à ce que le mélange devienne pâle et léger. Ajouter l'huile et la vanille et mélanger. Ajouter les courgettes râpées et mélanger.

Mélanger délicatement les ingrédients secs aux ingrédients liquides. Ajouter les raisins secs et les noix hachées et mélanger.

Verser dans les moules à pain, enfourner et cuire de 45 à 50 minutes jusqu'à ce qu'une tige insérée au centre du pain en ressorte propre.

Démouler et laisser refroidir sur une grille.

Déguster tel quel ou faire griller dans le four grille-pain et accompagner de compote de fruits.

Pains

Conseils pour améliorer la qualité des pains maison

Voici une compilation des expériences de mes lecteurs pour améliorer la recette des pains et l'utilisation des robots boulangers les plus problématiques.

Des lecteurs proposent de peser les farines plutôt que de mesurer leur volume. C'est effectivement une idée à retenir, car mesurer le volume des farines avec une tasse à mesurer est souvent peu reproductible selon le fait que la farine est plus ou moins tassée et floconneuse, sans oublier l'influence de l'humidité de l'air. Les variations de volume des farines pourraient expliquer que, sans raison apparente, la qualité des pains puisse varier. Pour cette raison, j'ai fait les ajustements suivants pour ma recette de pain de riz brun : 1 ½ tasse de farine de tapioca pèse 164 g et 1 ½ tasse de farine de riz brun pèse 210 g (expérience répétée 3 fois).

La température des liquides utilisés pour préparer les pains semble très importante et je suis d'accord. Selon certains, l'été, le liquide doit être chauffé légèrement à peu près à la température de la pièce et l'hiver, le liquide doit être un peu plus chaud que la température de la pièce. La pâte ne lève pas bien si le liquide n'est pas suffisamment chaud. Il s'agit d'un autre facteur qui permet d'obtenir des résultats reproductibles.

On doit déposer la levure à la dernière minute (juste avant de démarrer le robot) et fabriquer un petit puits pour qu'elle ne se mélange pas au liquide avant l'agitation.

Particularités de certains robots boulangers :

▸ Gisèle possède le modèle B&D (Black & Decker) B2200. Elle réussit son pain depuis qu'elle fait chauffer le moule à pain dans le four conventionnel à 75 °C (170 °F) et qu'elle utilise une eau très chaude.

▶ Avec son robot B&D B2200, Louise obtient de bons résultats avec le programme cuisson rapide n° 3, pain de 2 livres, croûte foncée.

▶ Patricia, qui possède un robot B&D B6000c, est très satisfaite du programme 6, pain 2 livres, croûte foncée, alors qu'Yvette et Liliane, avec le même robot, ont amélioré leurs pains en passant du programme n° 6 au programme n° 7 plus rapide.

▶ Carol Ann possède le robot Cuisinart (convection) et utilise le cycle sans gluten n° 9 pour un pain de 2 livres.

▶ Avec les modèles B&D, les agitateurs ou lames de pétrissage restent figés dans le pain lorsque l'on retire le moule, laissant de gros trous lorsqu'on les enlève. Une lectrice de Charlevoix utilise maintenant une fourchette modifiée pour retirer les agitateurs après le signal sonore du robot indiquant que le malaxage est terminé. Elle lisse ensuite le dessus de la pâte.

Pour contrer le problème d'humidité du pain, plusieurs réduisent la quantité d'eau.

▶ Louise propose une seconde solution, soit ajouter 15 ml (1 c. à soupe) par tasse (250 ml) de farine utilisée.

▶ Liliane (comme je le faisais avec mon ancien robot boulanger B&D) surveille la période de pétrissage et, en fonction de la formation des boules autour des lames de pétrissage, elle ajoute un peu d'eau si le mélange est trop épais (accumulation trop forte autour des agitateurs) ou un peu de farine si le mélange est trop clair (dans ce cas, il n'y a pas vraiment de formation d'une boule autour des agitateurs).

Suggestions pour modifier les types de farine dans la recette de pain de riz brun :

▶ Suzanne obtient un pain plus gonflé et goûteux avec 150 g de farine de millet, 150 g de farine de tapioca et 75 g de farine de sarrasin.

▶ Une autre lectrice remplace la farine de tapioca par de la farine d'amarante.

▶ Marie-Paule propose de modifier la quantité de farine de tapioca par 190 ml (¾ tasse) de farine de sarrasin et 190 ml (¾ tasse) de farine de tapioca.

▶ Louise propose de remplacer la farine de riz brun par 160 ml (⅔ tasse) de farine de riz brun et 160 ml (⅔ tasse) de farine de pois chiche.

▶ Un lecteur propose de modifier la quantité de farine de riz brun par 190 ml (¾ tasse) de farine de riz brun et 190 ml (¾ tasse) de farine de sarrasin.

▶ Une lectrice propose d'utiliser 250 ml (1 tasse) de farine de riz brun, 250 ml (1 tasse) de farine de quinoa, 250 ml (1 tasse) de farine de tapioca et d'ajouter au liquide du début de la recette 30 ml (2 c. à soupe) de crème de riz.

▶ Enfin, une autre lectrice remplace la farine de riz brun par 190 ml (¾ tasse) de farine de riz brun et 190 ml (¾ tasse) de farine de pois chiche. Son pain serait meilleur, plus élastique et léger.

Voici des suggestions d'ajouts aux pains :

▶ Canneberges – noix – graines de tournesol – graines de chia

▶ 125 ml (½ tasse) de tomates séchées au soleil hachées avec 30 ml (2 c. à soupe) d'olives Kalamata hachées + 2 ml (½ c. à thé) de basilic et d'origan séché

▶ Une pincée de piment jalapeño frais haché, 5 ml (1 c. à thé) d'ail confit (Jackye)

▶ 250 ml (1 tasse) de raisins secs + 5 ml (1 c. à thé) de cannelle + 45 ml (3 c. à soupe) de miel. Bien mélanger les raisins dans la tasse de farine pour éviter qu'ils s'agglutinent (Carol Ann).

Gomme de guar ou gomme de xanthane ?

Il s'agit d'un sujet qui peut porter à confusion. Selon certaines personnes, la gomme de guar semble très bien fonctionner pour la cuisson des pains au four traditionnel ou avec un robot boulanger. D'autres personnes, dont je fais partie, affirment obtenir des résultats décevants avec la gomme de guar : par exemple, le pain se creuse au centre. Avec la gomme de xanthane, je n'ai jamais ce problème depuis que j'utilise un robot boulanger Zojirushi. Pour cette raison, j'ai cessé d'utiliser la gomme de guar.

Le problème avec la gomme de guar serait toutefois lié au fait que ce substitut serait moins efficace que la gomme de xanthane. Il semble que l'on devrait utiliser 50 % plus de gomme de guar par rapport à la gomme de xanthane, soit lorsque l'on utilise 1 c. à table de gomme de xanthane, on devrait utiliser 1 ½ c. à table de gomme de guar selon Carol Fenster, Ph.D., une experte reconnue du sans gluten et auteure de plusieurs livres de cuisine sur le sans gluten.

Cependant, il est vrai que la gomme de xanthane est plus coûteuse que la gomme de guar. Par contre, si vous avez des problèmes avec la gomme de guar, la perte de pains, même occasionnelle, rend cette dernière plus coûteuse que la gomme de xanthane.

Fougasse aux fines herbes

Donne 1 fougasse

160 ml (⅔ tasse) de farine
de riz blanc

160 ml (⅔ tasse) de fécule
de tapioca

160 ml (⅔ tasse) de fécule
de pomme de terre

10 ml (2 c. à thé) de gomme
de guar ou de xanthane

1 sachet (8 g ou 0,3 oz) de levure
instantanée rapide ou à pizza

10 ml (2 c. à thé) de poudre à pâte

15 ml (1 c. à soupe) de fines herbes
séchées à l'italienne ou herbes
de Provence

15 ml (1 c. à soupe) de sucanat

5 ml (1 c. à thé) de sel

250 ml (1 tasse) d'eau tiède

1 gros œuf

15 ml (1 c. à soupe) d'huile d'olive
extra-vierge pressée à froid

30 ml (2 c. à soupe)
de crème végétale

5 ml (1 c. à thé) de vinaigre
de vin blanc

Fleur de sel

Huile d'olive extra-vierge
pressée à froid

Vinaigre balsamique

Huiler une assiette à tarte de 30 cm de diamètre (11 à 12 po). Mettre du papier parchemin dans le fond de l'assiette et le badigeonner d'huile d'olive.

Dans un grand bol, mélanger les ingrédients secs.

Mélanger ensemble l'œuf, l'huile d'olive extra-vierge, la crème végétale et le vinaigre de vin blanc.

Incorporer l'eau et les autres liquides aux ingrédients secs et mélanger au batteur électrique jusqu'à ce que le tout soit bien amalgamé.

Verser la pâte dans l'assiette et bien l'étendre. Si la pâte est trop collante, mettre un peu de farine de riz sur les mains. Couvrir et laisser la pâte lever 1 h 30 environ ou jusqu'à ce qu'elle ait doublé de volume dans un endroit à l'abri des courants d'air. Lorsque la fougasse a doublé de volume, la cuire 10 minutes dans un four chauffé à 220 °C (425 °F).

La retirer du four, la badigeonner d'un peu d'huile d'olive, parsemer de fleur de sel, remettre au four et continuer la cuisson 15 minutes.

Servir avec de l'huile d'olive extra-vierge pressée à froid et du vinaigre balsamique.

Suggestion
Il est préférable de manger la fougasse aussitôt cuite. Si on désire la conserver jusqu'au lendemain, l'envelopper herméti- quement et la mettre au réfrigérateur. Le lendemain, la réchauffer quelques minutes au four grille-pain.

On peut faire lever la fougasse dans le four en utilisant soit l'option «Fermentation» ou l'option «Bread Proof». On peut également chauffer le four à 37 °C (100 °F) ou simplement laisser la lumière du four allumée.

Pain blanc aux trois farines

Recette modifiée pour le robot boulanger par Hélène*.

Donne 1 pain

250 ml (1 tasse) de farine de pois chiche (Cuisine Soleil)

250 ml (1 tasse) de farine de tapioca (Cuisine Soleil)

250 ml (1 tasse) de farine de riz brun (Cuisine Soleil)

80 ml (⅓ tasse) de graines de lin biologiques broyées

10 ml (2 c. à thé) de gomme de guar

5 ml (1 c. à thé) de gomme de xanthane

5 ml (1 c. à thé) de sel

6 ml (1 ¼ c. à thé) de levure pour machine à pain

2 ml (½ c. à thé) de poudre à pâte

60 ml (4 c. à soupe) de margarine végétale à température ambiante

3 blancs d'œufs, à température ambiante

2 œufs, température ambiante

45 ml (3 c. à soupe) de sirop d'érable

5 ml (1 c. à thé) de vinaigre de cidre de pomme

375 ml (1 ½ tasse) d'eau chaude mais PAS bouillante

Dans un bol, bien mélanger les ingrédients secs.

Dans un autre bol, battre la margarine, les blancs d'œuf, les œufs, le sirop d'érable et le vinaigre de cidre.

Ajouter l'eau au mélange d'œufs.

Déposer les ingrédients liquides dans le fond du plat du robot boulanger et y ajouter les ingrédients secs, sauf la levure que l'on place dans un petit puits sur le dessus des ingrédients secs.

Sélectionner le format 3 livres et le Cycle 7 (pour pain rapide qui contient de la poudre à pâte, 1 seul brassage) du robot boulanger B&D B6000C (si autre robot boulanger, chercher l'équivalent).

Après cuisson, retirer immédiatement du moule et laisser refroidir complètement sur une grille avant de le couper.

Garder le pain, entouré de papier absorbant, au réfrigérateur, dans un sac à congélateur.

* La recette de base pour le four traditionnel se trouve sur le site Internet suivant : http://cuisinesoleil.com/fr/recettes/2012/10/pain-de-sandwich-aux-pois-chiches-graines-de-lin/

Hélène a adapté cette recette pour le robot boulanger B&D B6000C au cycle 7 (1 h 23 de cuisson et un seul épisode de brassage, pain de 3 lb (1,4 kg), croûte moyenne).

Pain de riz brun de Jacqueline modifié pour four traditionnel

Donne 1 pain

375 ml (1 ½ tasse) d'eau chaude mais non bouillante

15 ml (1 c. à soupe) de miel

15 ml (1 c. à soupe) de levure traditionnelle

7 ml (1 ½ c. à thé) de sel marin non raffiné gris

45 ml (3 c. à soupe) de graines de lin moulues

15 ml (1 c. à soupe) de gomme de guar ou de xanthane

375 ml (1 ½ tasse) de farine de tapioca

375 ml (1 ½ tasse) de farine de riz brun

15 ml (1 c. à soupe) de poudre à pâte

30 ml (2 c. à soupe) d'huile d'olive vierge

7 ml (1 ½ c. à thé) de vinaigre de riz

2 œufs biologiques de préférence, à température de la pièce*

Dans environ 65 ml (¼ tasse) d'eau chaude, ajouter le miel et la levure. Laisser reposer pendant 10 minutes.

Bien mélanger tous les ingrédients secs.

Battre légèrement les ingrédients suivants : l'huile d'olive, le vinaigre de riz, le reste de l'eau chaude (environ 315 ml [1 ¼ tasse]) et les œufs, et mélanger aux ingrédients secs. Verser dans un moule à pain huilé de 22,5 × 12,5 × 7 cm (9 × 5 × 3 po).

Pour bien faire lever la pâte avant la cuisson, il est conseillé de démarrer le four à la température la plus basse possible et d'y déposer son pain pendant 1 h en laissant la porte ouverte. Ensuite, on règle la température du four à 200 °C (400 °F) et on laisse cuire le pain pendant environ 30 minutes. Le fait de laisser lever le pain au moins 1 h avant la cuisson permet d'éviter qu'il soit trop compact. Lorsqu'il est cuit, le faire refroidir sur une grille pendant au moins 1 h. Enrober le pain dans du papier absorbant, mettre dans un sac de plastique et conserver au réfrigérateur.

* Pour ceux qui sont intolérants aux œufs, les remplacer par 4 c. à soupe de compote de pommes sans sucre.

Pain savoureux pour four conventionnel d'Alain

Cette recette est inspirée de la recette de « Pain de riz brun de Jacqueline » et se fait au four conventionnel. Selon vos goûts, vous pouvez varier les farines à l'exception de la farine d'arrow-root qu'il faut conserver. Vous pouvez aussi y ajouter 6 c. à soupe (90 ml) de graines de lin, de tournesol, de sésame, etc.

Donne 2 pains

750 ml (3 tasses) d'eau tiède

3 c. à thé (15 ml) de sel de mer

**125 ml (½ tasse) de compote
de pommes non sucrée**

**60 ml (4 c. à soupe) d'huile d'olive
extra-vierge pressée à froid**

30 ml (2 c. à soupe) de miel

3 c. à thé (15 ml) de vinaigre de riz

**6 c. à soupe (90 ml) de graines
de lin moulues**

**750 ml (3 tasses) de farine
d'arrow-root**

**125 ml (½ tasse) de farine
de quinoa**

125 ml (½ tasse) de farine de millet

**125 ml (½ tasse) de farine
d'amarante**

**375 ml (1 ½ tasse) de farine
de sorgho**

**30 ml (2 c. à soupe) de gomme
de guar ou de xanthane**

30 ml (2 c. à soupe) de poudre à pâte

**30 ml (2 c. à soupe) de levure
à pain instantanée (rapide)***

**Un peu d'huile et de farine tout
usage sans gluten pour enfariner
les moules à pain**

Mettre l'eau, le sel, la compote de pommes, l'huile, le miel, le vinaigre de riz et les graines de lin moulues dans le bol et mélanger avec le batteur. Ajouter les farines, ensuite la gomme de guar (ou de xanthane) et la poudre à pâte et, en dernier, la levure.

Battre le tout 2 minutes à la vitesse 2 de votre batteur en utilisant le fouet plat.

Battre 1 minute de plus à la vitesse maximale.

Huiler et enfariner les moules à pain, cela évite que le pain colle aux moules.

Verser le mélange dans les moules et lisser avec la spatule.

Mettre les moules dans le four pendant 20 minutes en utilisant l'option « Fermentation ». Si vous n'avez pas cette option, simplement laisser la lumière du four allumée.

Retirer les moules du four et faire chauffer le four à 220 °C (425 °F) ou 200 °C (400 °F) pour un four à convection.

Quand le four est prêt, y mettre les moules et laisser cuire pendant 35 minutes.

Retirer du four et laisser reposer sur une grille en recouvrant les pains d'un linge à vaisselle propre.

Lorsque le pain est complètement refroidi, le trancher et le congeler immédiatement en séparant les tranches pour qu'elles soient plus faciles à sortir par la suite.

* Pour éviter que la levure se mélange au liquide, il faut l'ajouter en dernier. Un petit truc : creuser un trou dans la farine et y mettre la levure.

Hors-d'œuvre et entrées

Artichauts farcis au pesto de roquette

4 artichauts

1 citron tranché

5 ml (1 c. à thé) de sel de mer

Pesto

750 ml (3 tasses) de roquette hachée

125 ml (½ tasse) de noix de cajou

125 ml (½ tasse) d'huile d'olive extra-vierge pressée à froid

30 ml (2 c. à soupe) de basilic

30 ml (2 c. à soupe) de jus de citron

2 gousses d'ail pelées

2 ml (½ c. à thé) de sel

2 ml (½ c. à thé) de sauce soja

Poivre moulu

Couper les feuilles situées à la base des artichauts et couper la tige.

Avec un bon couteau, couper la tête de l'artichaut de ⅓. Avec les ciseaux, couper le bout (⅓) de chacune des pointes.

Amener à ébullition 4 litres d'eau, les tranches de citron et le sel. Ajouter les artichauts.

Après le premier bouillon, baisser le feu et cuire 30 à 40 minutes, ou jusqu'à ce qu'une feuille se détache facilement.

Retirer du chaudron, égoutter et refroidir sous l'eau courante. Égoutter les artichauts têtes vers le bas.

Mettre tous les autres ingrédients dans un robot ou un mélangeur et faire une purée plus ou moins grossière.

Sur une planche à découper, ouvrir l'artichaut délicatement et enlever le foin à l'intérieur à l'aide d'une petite cuillère. Garder au chaud quelques minutes.

Déposer 60 ml (¼ tasse) de pesto à l'intérieur des artichauts, qui servira de trempette aux feuilles.

Servir en entrée avec 1 ou 2 quartiers de citron.

Beurre de saumon fumé

Donne 50 canapés

60 ml (¼ tasse) d'oignon rouge coupés en petits morceaux

5 ml (1 c. à thé) de câpres

180 g (6 oz) de saumon fumé congelé vendu en tranches minces

60-80 ml (¼ à ⅓ tasse) d'huile d'olive extra-vierge pressée à froid

15 ml (1 c. à soupe) de jus de citron

Poivre

Mettre l'oignon rouge dans le robot culinaire avec les câpres et broyer finement.

Couper le saumon fumé (à moitié congelé) en morceaux, ajouter dans le robot et broyer.

Verser l'huile et le jus de citron. Poivrer et pulser jusqu'à consistance lisse.

Tartiner sur des biscuits de riz ou des morceaux de pain sans gluten ou encore sur les tartines Le pain des fleurs au sarrasin, au quinoa ou à la châtaigne.

Blinis au saumon fumé

Donne 30 blinis

**60 ml (¼ tasse) de farine
de sarrasin**

**60 ml (¼ tasse) de farine mélangée
sans gluten de votre choix** ou
30 ml (2 c. à soupe) de farine
de riz blanc
15 ml (1 c. à soupe) de fécule
de tapioca
15 ml (1 c. à soupe) de fécule
de pomme de terre

2 ml (½ c. à thé) de poudre à pâte

**2 ml (½ c. à thé) de gomme de guar
ou de xanthane**

1 ml (¼ c. à thé) de sucanat

1 ml (¼ c. à thé) de sel

**180 ml (¾ tasse) de lait d'amande
ou de riz**

1 gros œuf

**22 ml (1 ½ c. à soupe) d'huile
végétale ou de margarine fondue**

**30 ml (2 c. à soupe) de ciboulette
fraîche hachée**

**Huile végétale pressée à froid
pour la cuisson**

Garniture

**75 ml (5 c. à soupe) de persil
finement haché**

**7 ml (1 ½ c. à thé) de zeste
de citron**

**7 ml (1 ½ c. à thé) d'échalote
française ou grise**

**75 ml (5 c. à soupe) de crème
végétale**

Saumon fumé, gravlax, truite fumée

Caviar de poisson (facultatif)

Ciboulette fraîche hachée

Dans une terrine, mélanger le sarrasin, la farine mélangée, la poudre à pâte, la gomme de guar ou de xanthane, le sucanat et le sel. Réserver.

Dans une autre terrine, fouetter ensemble le lait, l'œuf et l'huile végétale ou la margarine fondue. Incorporer cette préparation aux ingrédients secs et mélanger jusqu'à l'obtention d'une pâte lisse. Ajouter les 2 c. à soupe de ciboulette hachée. Ajouter un peu de lait d'amande ou de riz si la pâte est trop épaisse.

Sur feu modéré, chauffer un trait d'huile végétale dans une poêle antiadhésive. Déposer l'équivalent de 5 ml (1 c. à thé) de préparation pour faire des blinis de 5 cm (2 po) de diamètre. Couvrir la poêle de blinis. Cuire 1 à 1 ½ minute, tourner et cuire encore 1 minute. Répéter avec le reste de la pâte, en badigeonnant la poêle d'huile végétale si nécessaire. Réserver.

Garniture

Mélanger le persil, le zeste de citron, l'échalote grise et la crème végétale.

Présentation

Mettre un peu de cette garniture sur chaque blini et y déposer au choix le saumon, le gravlax, la truite fumée ou un peu de caviar de poisson et parsemer de ciboulette hachée.

Servir immédiatement.

Si les blinis ont été préparés quelques heures à l'avance, les réfrigérer. Avant de les servir, les laisser tempérer sur le comptoir.

S'ils sont faits plus de 12 h à l'avance, les étendre sur une tôle à biscuits et les mettre au congélateur. Une fois congelés, les mettre dans des sacs de congélation. Les décongeler une journée à l'avance et les servir à la température ambiante.

Rillettes de porc et sa confiture d'oignons

Pour 10 à 12 personnes

1 kg (2 lb) de poitrine ou d'épaule de porc

125 ml (½ tasse) d'oignon coupé en petits dés

2 gousses d'ail entières

125 ml (½ tasse) de poireau coupé en petits dés

125 ml (½ tasse) de céleri coupé en petits dés

2 feuilles de laurier

Zeste d'une orange

2-3 tiges de thym frais si possible

30 ml (2 c. à soupe) d'huile d'olive extra-vierge pressée à froid

Sel et poivre

Eau froide pour couvrir

Couper le porc en cubes de 2,5 cm (1 po)

Dans une casserole, déposer tous les ingrédients. Ajouter assez d'eau pour couvrir. Cuire à feu doux pendant 3 h, remuer à l'occasion. L'eau doit être évaporée et la viande doit se détacher facilement. Enlever la feuille de laurier. Conserver une petite quantité de gras fondu pour la finition.

Écraser à la fourchette les morceaux de viande, retirer le cartilage ou les morceaux indésirables. Mêler avec le gras.

Dans un grand bol, battre les rillettes pour obtenir la texture voulue. Rectifier l'assaisonnement.

Verser dans des petits pots ou ramequins et sceller avec le gras.

Suggestions

Les rillettes apportent les protéines du matin.

On peut les servir pour le lunch en sandwich et à tartiner sur des biscottes à l'apéro.

Confiture d'oignons

60 ml (¼ tasse) d'huile d'olive extra-vierge pressée à froid

750 ml (3 tasses) d'oignons espagnols finement émincés

125 ml (½ tasse) de vin blanc ou rouge

60 ml (¼ tasse) de vinaigre balsamique

125 ml (½ tasse) de canneberges ou de cerises séchées

2 ml (½ c. à thé) de sel

Dans une casserole moyenne, faire chauffer l'huile et ajouter les oignons. À feu doux, faire tomber les oignons une vingtaine de minutes jusqu'à ce qu'ils deviennent transparents.

Sur feu modéré, ajouter les autres ingrédients et cuire 30 minutes en remuant fréquemment.

Mettre dans des pots stérilisés.

Salade de truite fumée à l'orange

2-3 oranges

60 ml (¼ tasse) d'huile d'olive extra-vierge pressée à froid

Sel et poivre

Feuilles de roquette, de cresson ou d'épinard

2 filets de truite fumée détaillés en morceaux

Persil

Prélever les suprêmes des oranges en les pelant au-dessus d'une passoire déposée sur un bol. Récupérer le jus.

Pour la vinaigrette, verser l'huile d'olive dans le jus d'orange récupéré, saler et poivrer.

Fouetter la vinaigrette. Ajouter la roquette, les suprêmes d'orange et les morceaux de truite.

Mêler délicatement.

Répartir la salade dans quatre assiettes et saupoudrer de persil haché.

Salade exotique de cœurs d'artichauts et de palmier

Pour 4 personnes en entrée

1 boîte de cœurs de palmier
de 398 ml (14 oz)

1 boîte de cœurs d'artichauts
de 398 ml (14 oz)

12 litchis frais

12 tomates cerises

500 ml (2 tasses) de mélange
de laitue (mesclun, roquette,
radicchlo)

1 avocat

Persil

Ciboulette

Zeste de lime

Fleur de sel

Vinaigrette

60 ml (¼ tasse) d'huile de noix
ou de noisettes

30 ml (2 c. à soupe) de jus de lime

30 ml (2 c. à soupe) de vinaigre
balsamique blanc

22 ml (1 ½ c. à soupe) de sirop
d'érable

30 ml (2 c. à soupe) de compote
de pommes non sucrée

1 gousse d'ail hachée finement

Fleur de sel

Poivre

Préparer la vinaigrette en mélangeant tous les ingrédients. Saler et poivrer. Réserver.

Égoutter et bien rincer les cœurs de palmier et d'artichauts.

Décortiquer et dénoyauter les litchis.

Couper les cœurs de palmier et d'artichauts, les litchis et les tomates en bouchées et les mettre dans un bol.

Arroser avec la moitié de la vinaigrette. Bien mélanger le tout et réserver 30 minutes afin que les saveurs se mélangent bien.

Service

Déposer le mélange de laitue dans 4 assiettes et arroser d'un peu de vinaigrette. Répartir la salade sur le lit de laitue. Ajouter l'avocat en tranches et arroser du reste de la vinaigrette. Garnir de persil, de ciboulette, de zeste de lime et de fleur de sel.

Gravlax de saumon

Un classique de la cuisine scandinave. Il est facile à réaliser et produit un bel effet sur la table, en entrée pour un dîner ou en plat principal l'été sur la terrasse. Il est très important d'acheter un saumon frais et de belle qualité.

Pour 4 à 6 personnes en entrée

45 ml (3 c. à soupe) de sel de mer

45 ml (3 c. à soupe) de sucanat

15 ml (1 c. à soupe) de grains de poivre noir concassés

Le zeste d'un citron non traité

500 g (1 lb) de saumon frais avec peau, sans arête et coupé dans la partie la plus épaisse

1 botte d'aneth

Sauce moutarde à l'aneth

30 ml (2 c. à soupe) de moutarde de Dijon

30 ml (2 c. à soupe) de sucanat

15 ml (1 c. à soupe) de jus de citron

80 ml (⅓ tasse) d'huile d'olive extra-vierge pressée à froid ou autre

15 ml (1 c. à soupe) d'aneth ciselé

15 ml (1 c. à soupe) de ciboulette hachée

Dans un petit bol, mélanger le sel, le sucanat, le poivre et le zeste. Frotter les 2 faces du saumon avec ce mélange.

Étaler des tiges d'aneth dans un plat, déposer le filet de saumon et terminer avec les tiges d'aneth. En garder pour la sauce.

Couvrir d'un film alimentaire et déposer un poids sur le saumon (une assiette ou un plat avec quelques boîtes de conserve, par exemple). Mariner 24 à 36 h dans le réfrigérateur, en le retournant à mi-temps.

Sortir le filet du plat, enlever les épices, rincer à l'eau froide et essuyer avec une feuille de papier absorbant.

Le gravlax se conserve 3 jours au réfrigérateur.

Sauce

Dans un bol, mélanger la moutarde, le sucanat et le jus de citron.

Ajouter l'huile en filet avec un fouet jusqu'à ce que la sauce s'épaississe.

Ajouter les herbes.

Cette sauce se conserve au réfrigérateur environ 3 jours.

Suggestion de service

Couper en tranches fines, en biais, sans la peau. Servir avec des quartiers de citron ou avec une sauce moutarde à l'aneth. Une salade de concombre complète cette entrée.

Trempette d'aubergines
(caponata)

La caponata, très populaire en Italie, est utilisée en trempette, sur des croûtons ou en accompagnement.

Pour 4 à 6 personnes

60 ml (¼ tasse) d'huile d'olive extra-vierge pressée à froid

250 ml (1 tasse) d'oignons hachés

1 aubergine moyenne, pelée et coupée en petits dés

500 ml (2 tasses) de courgettes en cubes

15 ml (1 c. à soupe) d'ail haché

1 ml (¼ c. à thé) de flocons de piment rouge

15 ml (1 c. à soupe) de pâte de tomate

500 ml (2 tasses) de tomates hachées fraîches ou en conserve, égouttées

15 ml (1 c. à soupe) de vinaigre de vin rouge

5 ml (1 c. à thé) de sucanat

Sel et poivre moulu

80 ml (⅓ tasse) d'olives vertes hachées

30 ml (2 c. à soupe) de câpres

5 ml (1 c. à thé) d'origan frais haché

Dans une grande poêle, chauffer l'huile d'olive sur feu moyen et faire revenir les oignons jusqu'à ce qu'ils aient ramolli.

Ajouter l'aubergine, cuire 5 minutes, ajouter les courgettes et poursuivre la cuisson 8 à 10 minutes.

Ajouter l'ail, les flocons de piment rouge, la pâte de tomate, cuire 3-4 minutes.

Ajouter les tomates, le vinaigre, le sucanat et les assaisonnements et poursuivre la cuisson 7 à 10 minutes.

Ajouter les olives et les câpres. Ajouter l'origan juste avant de servir la trempette chaude ou froide.

Trempette chermoula

Pour 4 personnes

125 ml (½ tasse) de mayonnaise

1 gousse d'ail hachée finement

2 ml (½ c. à thé) de cumin moulu

5 ml (1 c. à thé) de paprika fumé

1 ml (¼ c. à thé) de flocons
de piment rouge

15 ml (1 c. à soupe) de jus de citron

Zeste de 1 citron

60 ml (¼ tasse) de coriandre
hachée

Mélanger tous les ingrédients et réfrigérer au moins 30 minutes avant de servir.

Servir avec des légumes croquants et des craquelins ou croûtons sans gluten.

Soupes

Potage aux courgettes

Pour 6 à 8 personnes

1 kg (2 lb) de courgettes

375 ml (1 ½ tasse) de poireau

45 ml (3 c. à soupe) d'huile d'olive extra-vierge pressée à froid

1 l (4 tasses) de bouillon de poulet ou de légumes

Sel et poivre

30 ml (2 c. à soupe) de basilic ou de persil frais ciselé

Couper les courgettes en tranches minces.

Émincer le poireau.

Faire revenir doucement le poireau dans l'huile d'olive à feu modéré pendant 5 à 7 minutes.

Ajouter les courgettes et les faire revenir 5 à 10 minutes à feu modéré jusqu'à ce qu'elles soient légèrement dorées.

Ajouter le bouillon, le sel et le poivre, porter à ébullition, couvrir et laisser mijoter doucement pendant 20 minutes. Réduire en purée au pied-mélangeur.

Avant de servir, ajouter les fines herbes.

Ribollita

Ce copieux potage fait à base de légumes et de pain
provient de Toscane.

Pour 6 à 8 personnes

**75 ml (5 c. à soupe) d'huile d'olive
extra-vierge pressée à froid**

1 oignon haché

1 gousse d'ail écrasée

1 poireau émincé

1 branche de céleri hachée

**500 g (6 tasses) de chou vert
finement coupé**

**Quelques branches de thym
et de romarin**

**2 l (8 tasses) de bouillon
de poulet**

**15 ml (1 c. à soupe) de concentré
de tomate**

Sel, poivre

**1 boîte de haricots blancs
de 398 ml (14 oz)**

1 feuille de laurier

**65 ml (¼ tasse) de fines herbes
ciselées : basilic, persil, ciboulette**

Croûtons

**2 tranches de pain sans gluten
coupées en petits dés**

**Huile d'olive extra-vierge
pressée à froid**

1 gousse d'ail hachée

Chauffer 45 ml (3 c. à soupe) d'huile d'olive dans
une grande casserole. Faire revenir l'oignon, l'ail,
le poireau et le céleri pendant 10 minutes. Ajouter
le chou, les branches de thym et de romarin et la
feuille de laurier, et laisser cuire 4 à 5 minutes.

Ajouter le bouillon de poulet et le concentré de
tomate.

Porter à ébullition, saler, poivrer et laisser mijoter
30 minutes. Ajouter les haricots et laisser mijoter
jusqu'à ce que les légumes soient cuits.

Juste avant de servir, ajouter 30 ml (2 c. à soupe)
d'huile d'olive et les fines herbes fraîches.

Servir avec les croûtons.

Croûtons

Faire griller le pain coupé en dés au four à *broil*.

Faire chauffer un peu d'huile d'olive dans une
poêle et y ajouter les croûtons et l'ail.
Cuire quelques minutes et réserver.

Soupe chinoise aigre-douce aux boulettes de porc

Pour 6 à 8 personnes

1 gros œuf

15 ml (1 c. à soupe) de sauce soja sans gluten (Bragg) (voir p. 338)

4 oignons verts hachés (partie blanche et 8 cm [3 po] de vert)

2 gousses d'ail émincées

600 g (1 ¼ lb) de porc haché

250 ml (1 tasse) de riz blanc cuit

125 ml (½ tasse) de champignons shiitake hachés

Poivre noir du moulin au goût

Soupe

30 ml (2 c. à soupe) d'huile végétale pressée à froid

30 ml (2 c. à soupe) d'huile de sésame foncée

6 oignons verts en tranches (partie blanche et 8 cm [3 po] de vert)

3 gousses d'ail émincées

1,5 l (6 tasses) de bouillon de poulet

80 ml (⅓ tasse) de vinaigre de riz

60 ml (¼ tasse) de sauce soja sans gluten

30 ml (2 c. à soupe) de xérès sec

2 ml (½ c. à thé) de poivre noir du moulin

240 g (8 oz) de tofu ferme, rincé, égoutté et coupé en cubes de 1,25 cm (½ po)

30 ml (2 c. à soupe) de fécule (farine) de tapioca

30 ml (2 c. à soupe) d'eau froide

3 gros œufs légèrement battus

Sel et poivre du moulin au goût

Dans un grand bol, à l'aide d'un fouet, mélanger l'œuf, la sauce soja, les oignons verts, l'ail. Ajouter le porc, le riz et les champignons. Poivrer au goût. Façonner des boulettes de 2 cm (¾ po). Placer l'eau dans votre cuiseur vapeur selon la capacité de l'appareil. Déposer les boulettes dans le panier et cuire à la vapeur une dizaine de minutes jusqu'à la disparition de la couleur rosée et réserver. Vous pouvez également utiliser une marguerite ou un panier de bambou. Dans ce cas, placer une feuille de laitue ou de chou au fond avant d'y déposer les boulettes. Ne pas oublier de laisser un espace d'environ 5 cm (2 po) entre le dessus de l'eau en ébullition et le fond du support de cuisson.

Soupe

Pendant la cuisson des boulettes, chauffer l'huile végétale et l'huile de sésame à feu moyen dans une casserole de 12 tasses (3 litres) à fond épais. Faire revenir les oignons et l'ail environ 2 minutes. Incorporer le bouillon, le vinaigre, la sauce soja, le xérès et le poivre. Porter à ébullition et laisser mijoter à découvert 10 minutes.

Ajouter le tofu et les boulettes et laisser mijoter 10 minutes de plus.

Mélanger la fécule de tapioca avec 30 ml (2 c. à soupe) d'eau froide dans un petit bol. Verser dans la soupe et laisser mijoter jusqu'à obtenir un léger épaississement. Verser lentement les œufs tout en remuant. Laisser mijoter une minute. Assaisonner au goût et servir.

Soupe à la courge musquée et aux pommes

Une soupe d'automne à cuisiner tandis que ces légumes et fruits sont gorgés de vitamines.

Pour 4 personnes

1 courge musquée
d'environ 1 kg (2 lb)

15 ml (1 c. à soupe) d'huile d'olive
extra-vierge pressée à froid

1 oignon moyen coupé
en morceaux

1 l (4 tasses) de bouillon
de poulet ou de légumes

5 ml (1 c. à thé) de cumin moulu

2 ml (½ c. à thé) de coriandre
moulue

2 ml (½ c. à thé) de gingembre
moulu

1 pincée de piment de Cayenne

Sel, poivre

3 pommes pelées, coupées
en gros morceaux

60 ml (¼ tasse) de crème de soja
ou de lait d'amande

Couper votre courge en 2, enlever les pépins, badigeonner d'huile d'olive et cuire au four à 190 °C (375 °F) environ 1 h.

Retirer la pulpe et réserver.

Chauffer l'huile dans une casserole, faire revenir l'oignon jusqu'à ce qu'il soit tendre.

Ajouter la courge, les pommes, le bouillon et les épices. Le bouillon devrait couvrir la courge, sinon ajouter de l'eau. Cuire à feu doux environ 30 minutes.

Verser graduellement la préparation dans le mélangeur et réduire en purée. Ajouter la crème de soja ou le lait d'amande.

Vérifier l'assaisonnement. Garnir de petits cubes de pomme citronnés et de coriandre hachée.

Potage aux pois verts et à la menthe

Ce potage simple à réaliser produit un bel effet grâce à sa couleur. En plus, il est des plus nourrissants et particulièrement délicieux.

Pour 4 personnes

30 ml (2 c. à soupe) d'huile végétale pressée à froid

1 poireau émincé

500 ml (2 tasses) de laitue hachée

750 ml (3 tasses) de pois verts congelés

Sel, poivre

1 l (4 tasses) de bouillon de poulet ou de légumes

60 ml (¼ tasse) de menthe fraîche hachée

125 ml (½ tasse) de crème végétale ou de lait de coco (facultatif)

Faire revenir dans l'huile le poireau. Ajouter la laitue et les pois verts. Saler, poivrer. Cuire 2-3 minutes.

Ajouter le bouillon et la menthe. Couvrir et cuire à feu doux 10 minutes.

Passer au mélangeur pour obtenir une belle purée.

Ajouter la crème à la dernière minute, sans faire bouillir.

Servir chaud ou froid, garni d'un peu de menthe et de radis coupés en bâtonnets.

Soupe aux lentilles rouges et à la dinde

45 ml (3 c. à soupe) d'huile d'olive extra-vierge pressée à froid

1 gros oignon haché finement

1 carotte hachée finement

1 branche de céleri hachée finement

3 gousses d'ail émincées

15 ml (1 c. à soupe) de curcuma moulu

5 ml (1 c. à thé) de cumin moulu

1,5 l (6 tasses) de bouillon de poulet

480 g (1 lb) de lentilles rouges bien rincées

1 ½ tasse (720 g) de poitrine de dinde coupée en lanières

60 g (⅓ tasse) de raisins de Corinthe

45 ml (3 c. à soupe) de persil frais haché

30 ml (2 c. à soupe) de coriandre fraîche hachée

Sel et poivre noir du moulin au goût

Chauffer l'huile d'olive dans une casserole de 12 tasses (3 litres) à feu moyen.

Ajouter l'oignon, la carotte, le céleri et l'ail. Faire revenir environ 3-4 minutes jusqu'à ce que les oignons soient transparents.

Ajouter le curcuma, le cumin et cuire 1 minute en remuant sans cesse.

Ajouter le bouillon et les lentilles. Porter à ébullition à feu moyen-vif en remuant de temps à autre. Baisser la température à feu doux et laisser mijoter à découvert environ 10 minutes.

Ajouter les lanières de dinde et laisser mijoter encore environ 15 minutes jusqu'à ce que la dinde soit cuite.

Ajouter les raisins de Corinthe, le persil et la coriandre et laisser mijoter à feu doux 5 minutes de plus. Vérifier l'assaisonnement et servir.

Soupe aux moules

Une soupe qui réconforte par temps frais. Elle peut être servie en entrée ou comme soupe-repas. Elle ajoute une certaine élégance à un repas.

<u>Pour 4 personnes</u>

1 kg (2 lb) de moules

250 ml (1 tasse) de vin blanc

30 ml (2 c. à soupe) d'huile d'olive extra-vierge pressée à froid

1 branche de céleri coupée en dés

2 petites carottes coupées en rondelles

1 oignon ou 1 blanc de poireau émincé

1 pomme de terre coupée en dés

2 gousses d'ail

750 ml (3 tasses) de bouillon de poisson ou de poulet

250 ml (1 tasse) de tomates coupées en gros morceaux

4 filets d'anchois (facultatif)

80 ml (⅓ tasse) de persil et de feuilles de céleri hachés

Sel, poivre

Laver les moules à grande eau. Certaines moules resteront ouvertes. Il faut alors vérifier leur fraîcheur en donnant un petit coup sur la coquille : si la coquille se referme, la moule est comestible ; sinon, il faut la jeter.

Mettre les moules dans une casserole, ajouter le vin, couvrir et cuire environ 5 minutes. Secouer les moules pour permettre à toutes les moules de s'ouvrir. Égoutter les moules en conservant le liquide de cuisson. Retirer les moules de leur coquille. Réserver.

Chauffer l'huile dans une casserole et ajouter les légumes préparés sauf les tomates. Faire fondre environ 5 minutes. Ajouter le bouillon, le liquide de cuisson des moules, les tomates, les anchois, les feuilles de persil et de céleri. Cuire 20 minutes. Assaisonner.

Ajouter les moules 1 minute avant de servir.

Soupe maison avec les restes du frigo

Pour 6 à 8 personnes

Légumes possibles*: carottes, poireau, céleri, poivrons, pois mange-tout ou sucrés, épinards, chou chinois, pommes de terre, courgettes, champignons, oignons verts.

Restes de viande

30 ml (2 c. à soupe) d'huile d'olive extra-vierge ou de noix de coco vierge

1 gros oignon ou quelques petits oignons hachés finement

2 gousses d'ail hachées finement

2 l (8 tasses) de bouillon de poulet ou de légumes maison ou du commerce (sans gluten et réduit en sel) à partir de concentrés ou de cubes

Restes de riz ou de pâtes conformes à l'alimentation hypotoxique ou de fèves de soja germées (250 à 500 ml [1 à 2 tasses])

Quelques branches de persil frais ou séché (2 ml [½ c. à thé])

2 branches de thym frais ou séché (1 ml [¼ c. à thé])

Sel gris de mer et poivre au goût

1 morceau de gingembre (facultatif)

À l'aide d'une mandoline, couper en tranches fines les légumes sélectionnés (carottes, poireaux, chou chinois, pommes de terre ou courgettes).

Avec un couteau, couper les autres légumes en dés pour obtenir au total l'équivalent de 1 litre (4 tasses) de légumes taillés.

Couper les restes de viande, approximativement 250 ml (1 tasse) en morceaux d'environ 2 cm (¾ po).

Dans une grande casserole, faire chauffer l'huile à feu moyen-doux et ajouter l'oignon et l'ail.

Cuire environ 2-3 minutes jusqu'à transparence. Verser le bouillon dans la casserole et ajouter tous les légumes à l'exception des épinards, des champignons et des oignons verts.

Amener à ébullition et baisser le feu pour que les légumes mijotent doucement pendant 15 à 20 minutes. Ajouter les restes de viande, les restes de riz, de pâtes ou de fèves germées, prolonger la cuisson pendant environ 5 minutes et terminer en ajoutant épinards, champignons, oignons verts, fines herbes, sel et poivre. Cuire 5 minutes de plus. Servir.

* Vous pouvez utiliser la majorité des légumes, sauf ceux dont le goût est prononcé (comme les différentes sortes de choux à l'exception du chou chinois plus doux au goût).

Poissons

Filets de saumon à la vapeur sur compote de poireaux

Pour 4 personnes

**2 poireaux (le blanc
et une partie du vert)**

**30 ml (2 c. à soupe) d'huile d'olive
extra-vierge pressée à froid**

Zeste d'une orange

**125 ml (½ tasse) de bouillon au
choix (fumet, légumes ou poulet)**

Sel, poivre

**4 filets de saumon
d'environ 150 g (5,2 oz)**

**125 ml (½ tasse) de crème
de soja (style Belsoy)**

Persil

Couper les poireaux en 4 sur la longueur,
les laver et les trancher.

Chauffer l'huile dans une poêle et ajouter
les poireaux et le zeste d'orange.

Ajouter le bouillon, assaisonner et cuire
15 à 20 minutes sur feu doux. Réserver.

Chauffer l'eau dans le cuiseur vapeur, déposer
les filets de saumon, cuire 7 à 10 minutes
selon l'épaisseur.

Ajouter la crème de soja à la compote de poireaux,
réchauffer sans faire bouillir.

Répartir la compote dans 4 assiettes chaudes.

Déposer les filets de saumon, assaisonner
et terminer l'assiette avec un peu de persil.

Poisson à la Veracruz

Ce plat est typiquement mexicain.
Il fera le bonheur des amateurs du Mexique.

Pour 4 personnes

4 à 6 tomates moyennes coupées en cubes

45 ml (3 c. à soupe) d'huile d'olive extra-vierge pressée à froid

250 ml (1 tasse) d'oignons émincés

3 gousses d'ail hachées

15 ml (1 c. à soupe) de piment jalapeño haché fin

2–3 feuilles de laurier

5 ml (1 c. à thé) d'origan

Sel, poivre

Jus de 2 limes

250 ml (1 tasse) de poivron rouge en lanières

250 ml (1 tasse) de poivron vert en lanières

180 ml (¾ tasse) d'olives farcies tranchées

45 ml (3 c. à soupe) de câpres

30 ml (2 c. à soupe) de coriandre fraîche

4 filets de poisson (vivaneau ou aiglefin)

Ébouillanter les tomates quelques minutes, les peler et les concasser.

Dans un poêlon, faire revenir dans l'huile d'olive les oignons et l'ail. Ajouter les tomates, le piment, le laurier, l'origan, le sel et le poivre. Cuire lentement 30 minutes.

Incorporer le jus de lime et les poivrons. Laisser mijoter 5 minutes.

Ajouter les olives, les câpres, la coriandre, et le sel et le poivre au goût. Laisser mijoter 5 minutes et retirer du feu.

Dans un grand plat allant au four, étendre un peu de sauce et y déposer les filets de poisson. Recouvrir avec le reste de la sauce.

Cuire au four à 110 °C (230 °F), pendant 30 minutes ou plus, selon l'épaisseur des filets.

Servir avec un riz blanc et des quartiers de lime.

Morue à la japonaise

4 oignons verts

1 morceau de gingembre de 10 cm (4 po)

125 ml (½ tasse) d'huile végétale neutre

4 filets de poisson

125 ml (½ tasse) de feuilles de coriandre hachées

15 ml (1 c. à soupe) de sauce soja

5 ml (1 c. à thé) d'huile de sésame

Sel de mer et poivre du moulin

Émincer les oignons en gardant un peu de vert de la tige.

Avec un économe, peler et couper sur la longueur de fines lamelles de gingembre.

Superposer ces lamelles et les tailler en fins bâtonnets.

Chauffer l'huile dans une casserole, ajouter le gingembre et laisser dorer. Égoutter le gingembre et garder l'huile au chaud.

Cuire le poisson à la vapeur environ 8 minutes, selon l'épaisseur des filets.

Déposer les filets dans une assiette préchauffée. Ajouter les oignons verts, la coriandre et le gingembre en bâtonnets.

Mélanger 30-45 ml (2-3 c. à soupe) d'huile chaude, la sauce soja, l'huile de sésame et verser sur les filets.

Assaisonner et servir aussitôt.

Suggestion
Servir avec un riz blanc ou brun et un légume vert cuit à la vapeur : asperges, brocoli, fèves vertes.

Risotto aux crevettes

Pour 4 personnes

15 ml (1 c. à soupe) d'huile d'olive extra-vierge pressée à froid

1 oignon haché

2 gousses d'ail hachées finement

15 ml (1 c. à soupe) de zeste de citron

1 ml (¼ c. à thé) de sel

1 ml (¼ c. à thé) de poivre

250 ml (1 tasse) de riz Arborio ou autre riz à grain rond

80 ml (⅓ tasse) de vin blanc ou bouillon de poulet

625 ml à 750 ml (2 ½ à 3 tasses) de bouillon de poulet (réduit en sel) chaud

300 g (10 oz) de grosses crevettes* déveinées

250 ml (1 tasse) de petits pois congelés ou d'haricots édamames** décortiqués

30 ml (2 c. à soupe) de menthe ou de persil frais, hachés

Dans une grande casserole, chauffer l'huile à feu moyen. Ajouter l'oignon, l'ail, le zeste de citron et les assaisonnements. Cuire jusqu'à ce que l'oignon soit ramolli.

Ajouter le riz et bien mélanger. Ajouter le vin et laisser bouillir jusqu'à évaporation.

Ajouter le bouillon 1 tasse à la fois et laisser réduire tout en remuant.

À la dernière demi tasse, ajouter les crevettes, les petits pois et la menthe.

Cuire à feu doux jusqu'à consistance crémeuse.

Le riz reste ferme. La cuisson prend environ 18 minutes.

Une simple salade verte complétera ce plat.

* En saison, vous pouvez utiliser les délicieuses crevettes du golfe. Comme elles sont déjà cuites, les ajouter à la dernière minute.

** Haricots édamames : fèves de soja, d'origine japonaise. On les trouve dans les épiceries à grande surface ou les magasins d'aliments naturels.

Saumon confit à l'huile d'olive

Le poisson cuit en confit est conforme au régime hypotoxique et donne une chair des plus savoureuses. L'huile ne pénètre pas dans le poisson. On peut le manger chaud ou froid en salade.

Pour 4 personnes

250 ml (1 tasse) d'huile d'olive extra-vierge pressée à froid

4 filets de saumon de 120 à 140 g (4,2 à 5 oz) chacun

Sel et poivre

15 ml (1 c. à soupe) de gingembre râpé

15 ml (1 c. à soupe) de zeste de citron

45 ml (3 c. à soupe) de coriandre fraîche

Préchauffer le four à 110 °C (230 °F).

Choisir un plat allant au four contenant les 4 filets serrés sans perte d'espace.

Verser la moitié de l'huile d'olive et réserver.

Essuyer les filets de saumon, saler et poivrer.

Parsemer de gingembre râpé et de zeste de citron. Laisser reposer environ 10 minutes.

Déposer les morceaux de saumon serrés dans le plat, verser le reste de l'huile d'olive pour couvrir au complet le saumon. Ajouter la coriandre.

Cuire au four 20 à 30 minutes selon l'épaisseur. La température interne du saumon sera de 50 °C (120 °F).

Suggestion
Dans l'assiette, les épinards aux oignons accompagneront bien le confit de saumon.

Saumon poché et ses sauces

Pour 4 personnes

**4 filets de saumon de 150 à 180 g
(5,3 à 6,3 oz) chacun**

Court-bouillon

5 tasses (1,25 l) d'eau

5 ml (1 c. à thé) de sel

10 grains de poivre

125 ml (½ tasse) d'oignon émincé

**125 ml (½ tasse) de carottes
émincées**

125 ml (½ tasse) de céleri émincé

2 feuilles de laurier

5 ml (1 c. à thé) de thym

**37 ml (2 ½ c. à soupe) de vinaigre
de vin blanc ou de xérès**

Sauce

45 ml (3 c. à soupe) de mayonnaise

Court-bouillon

45 ml (3 c. à soupe) de câpres

Préparation du court-bouillon

Dans une grande poêle, amener l'eau à ébullition, ajouter le sel et tous les autres ingrédients à l'exception du vinaigre de vin. Dès que l'ébullition reprend, laisser bouillir modérément pendant 8 minutes.

Ajouter le vinaigre de vin et dès que l'ébullition reprend, immerger les filets dans le liquide et baisser le feu à modéré-doux. Le poisson ne doit jamais bouillir, mais laisser frémir pendant quelques minutes selon l'épaisseur des filets, entre 8 et 10 minutes. Le poisson est cuit lorsque la chair se détache légèrement sous la pression du doigt.

Sauce

Fouetter la mayonnaise avec une petite quantité de court-bouillon très chaud pour lui donner la consistance d'une sauce à napper et ajouter les câpres.

Suggestion

Au lieu des câpres, on peut ajouter 45 ml (3 c. à soupe) de caviar de lompe ou 5 ml (1 c. à thé) de moutarde de Dijon ou à l'ancienne ou 5 ml (1 c. à thé) de cari ou 30 ml (2 c. à soupe) de fines herbes fraîches mélangées.

Viandes

Cari de poulet au lait de coco

Pour 3 à 4 personnes

1 boîte de lait de coco de 400 ml (14 oz)

250 ml (1 tasse) de bouillon de poulet

1 oignon haché

2 gousses d'ail émincées

30 ml (2 c. à soupe) d'huile végétale

15 ml (1 c. à soupe) de pâte de cari doux

2 grosses poitrines de poulet ou 4 petites

1 poivron rouge coupé en languettes

½ brocoli en petits bouquets

2 carottes tranchées

Jus d'une lime

Feuilles de basilic hachées

Sel et poivre

Accompagnements

Riz

Noix de cajou non salées

Flocons de noix de coco grillés

Coriandre

Mélanger le lait de coco et le bouillon de poulet.

Faire revenir les oignons et l'ail dans l'huile. Ajouter la pâte de cari, cuire quelques minutes.

Ajouter le liquide et mijoter quelques minutes.

Couper le poulet en languettes ou en morceaux et ajouter à la sauce au lait de coco.

Cuire 30 minutes à feu doux.

Ajouter les légumes et poursuivre la cuisson 10 minutes.

Ajouter le jus de lime et les feuilles de basilic. Assaisonner.

Accompagner de riz et de 3 bols de noix de cajou, de noix de coco et de coriandre.

Si vous utilisez la pâte de cari rouge forte, ajustez la quantité à votre goût.

Cassoulet au poulet et saucisses

Pour 4 à 6 personnes

2 saucisses fraîches sans gluten, faibles en gras et sans agents de conservation (facultatif)*

30 ml (2 c. à soupe) de gras de canard ou d'huile d'olive extra-vierge pressée à froid

2 gros oignons

2 gousses d'ail hachées finement

4 carottes coupées en bâtonnets de 4 cm (1 ½ po)

15 ml (1 c. à soupe) d'herbes de Provence

1 clou de girofle

8 hauts de cuisse de poulet désossés et sans peau (500 g/1 lb)

1 boîte de haricots blancs de 540 ml (19 oz), rincés et égouttés

1 boîte de tomates de 540 ml (19 oz)

125 ml (½ tasse) de bouillon de poulet

Sel et poivre

60 ml (¼ tasse) de persil ou basilic frais ciselé

Préchauffer le four à 110 °C (230 °F).

Cuire les saucisses 10 minutes dans l'eau bouillante et égoutter. Découper chaque saucisse en 4 morceaux pour obtenir de larges rondelles. Réserver.

Dans une casserole allant au four, à feu modéré, chauffer le gras de canard ou l'huile d'olive. Ajouter l'oignon, l'ail, les carottes, le sel et le poivre et les fines herbes séchées. Faire revenir environ 10 minutes jusqu'à ce que l'oignon devienne transparent.

Ajouter le poulet, les saucisses, les haricots blancs, les tomates et le bouillon de poulet.

Porter à ébullition, couvrir et laisser mijoter à feu doux environ 15 minutes.

Enfourner la casserole et cuire 1 h.

Parsemer de persil ou de basilic frais ciselé et servir.

* William I Walter Saucissier, une entreprise québécoise, offre un bel assortiment de saucisses sans gluten, faibles en gras et sans agents de conservation. Il existe une trentaine de succursales à travers la province. (williamjwalter.com)

Crêpes farcies au poulet et aux légumes

8 crêpes minces de 25 cm
(10 po) de diamètre environ
(voir p. 77)

60 ml (4 c. à soupe) d'huile d'olive
extra-vierge pressée à froid

1 gousse d'ail émincée

125 ml (½ tasse)
de champignons émincés

125 ml (½ tasse) d'oignons en dés

125 ml (½ tasse) de carottes en dés

125 ml (½ tasse) de petits pois
verts décongelés

125 ml (½ tasse) de céleri en dés

500 ml (2 tasses) de poulet cuit,
coupé en petits dés

30 ml (2 c. à soupe) de farine de riz

3 ml (¾ c. à thé) d'herbes
de Provence

Sel et poivre au goût

375 ml (1 ½ tasse) de bouillon
de poulet

Fines herbes fraîches ciselées
au goût (facultatif)

Faire chauffer l'huile d'olive sur feu modéré et ajouter les légumes. Cuire 8 à 10 minutes, en brassant régulièrement, jusqu'à ce que les oignons deviennent transparents.

Ajouter le poulet, la farine de riz et les herbes de Provence et bien mélanger. Saler et poivrer.

Ajouter le bouillon de poulet ½ tasse à la fois (125 ml), mélanger doucement et cuire à feu doux-modéré pendant 15 à 20 minutes.

Pendant ce temps, cuire les crêpes et réserver au chaud.

Mettre ⅛ du mélange poulet-légumes au milieu d'une crêpe et replier les côtés.

Parsemer le dessus des crêpes de fines herbes fraîches.

Ces crêpes s'apprécient d'autant plus avec un peu de sirop d'érable.

Crêpes
(8 à 9 crêpes minces)

3 œufs

375 ml (1 ½ tasse) de lait végétal

90 ml (¼ tasse + 2 c. à soupe) de farine de riz blanc

60 ml (¼ tasse) de fécule de tapioca

60 ml (¼ tasse) de fécule de pomme de terre

15 ml (1 c. à soupe) d'huile de pépins de raisin ou autre

Pincée de sel

45 ml (3 c. à soupe) de ciboulette

Mélanger tous les ingrédients au fouet ou au mélangeur électrique. La préparation est assez liquide. Ne pas laisser reposer la pâte, cuire les crêpes immédiatement.

Badigeonner une poêle à crêpes de 25 cm (10 po) de diamètre d'un peu d'huile végétale. Lorsque la poêle est chaude, verser 85 ml (⅓ tasse) de la préparation à crêpes et bien couvrir toute la surface de la poêle. Cuire 1 à 2 minutes chaque côté. Garder au chaud. Cuire les autres crêpes.

Poulets de Cornouailles en crapaudine

Pour un repas festif.

Pour 4 personnes

2 poulets de Cornouailles de 700 à 800 g (20 à 25 oz) chacun

1 gousse d'ail en fines lamelles

5 ml (1 c. à thé) de thym séché ou 8 branches de thym frais

½ citron

30 ml (2 c. à soupe) d'huile d'olive extra-vierge pressée à froid

Paprika fumé

Sel et poivre

Sauce

15 ml (1 c. à soupe) d'huile d'olive extra-vierge pressée à froid

2 petites échalotes françaises ou grises hachées finement

80 ml (⅓ tasse) de vin blanc

250 ml (1 tasse) de bouillon de poulet

80 ml (⅓ tasse) de canneberges ou de cerises séchées

7 ml (½ c. à soupe) de sirop d'érable

2 ml (½ c. à thé) de quatre-épices (*allspice*)

Sel et poivre

7 ml (½ c. à soupe) de farine de riz ou de tapioca

60 ml (¼ tasse) ou plus de crème végétale (style Belsoy) (facultatif)

Préchauffer le four à 110 °C (230 °F).

Couper les poulets en crapaudine. Mettre le poulet sur une planche à découper. Avec un grand couteau, sectionner le dos du poulet sur toute sa longueur. Avec les mains, aplatir le poulet sur la planche en pressant dessus.

Soulever la peau des poulets et mettre les lamelles d'ail et le thym au-dessus des cuisses et des blancs. Placer les poulets dans un plat allant au four et les arroser de jus de citron, d'huile d'olive et saupoudrer de paprika fumé. Saler et poivrer.

Enfourner les poulets et cuire environ 2 h 30 ou jusqu'à ce que le thermomètre à viande indique 82 °C (180 °F).

Pendant la cuisson des poulets, chauffer 15 ml (1 c. à soupe) d'huile d'olive extra-vierge dans une petite casserole et faire revenir les échalotes pendant environ 5 minutes. Déglacer avec le vin blanc et laisser réduire de moitié. Ajouter le bouillon de poulet, les canneberges ou cerises séchées, le sirop d'érable et le mélange d'épices. Porter à ébullition et laisser mijoter 10 minutes. Saler et poivrer. Épaissir avec la farine de riz ou de tapioca. Ajouter la crème végétale sans faire bouillir.

Servir sur une purée de pommes de terre et céleri-rave et un légume vert cuit à la vapeur.

Pilons de poulet au sirop d'érable

Pour 4 personnes

10 ou 12 pilons de poulet
(ou moins s'il s'agit de pilons
biologiques)

5 à 6 branches de thym frais

15 ml (1 c. à soupe) d'huile d'olive
extra-vierge pressée à froid

250 ml (1 tasse) de poivrons
rouges coupés en gros dés

250 ml (1 tasse) de petites tomates
cerises coupées en deux

2 gousses d'ail

½ c. à thé (2,5 ml) de flocons
de piment

Persil

60 ml (¼ tasse) de sirop d'érable

30 ml (2 c. à soupe) de pâte
de tomate

80 ml (⅓ tasse) de bouillon
de poulet

Sel de mer et poivre au goût

Enlever la peau des pilons de poulet et réserver.

Mélanger tous les ingrédients ensemble et mettre le tout dans la mijoteuse. Cuire à *Low* pendant 4 h 30 environ.

À la fin de la cuisson, on peut ajouter un peu de farine de tapioca pour épaissir la sauce.

[Inspiré de la recette de Suzie, une lectrice de mon blogue.]

Poitrines de poulet à la vapeur

Pour 4 personnes

- 4 poitrines de poulet (petites)
- 1 citron tranché mince
- 8 tranches de gingembre
- 1 lb (500 g) de fèves vertes
- 60 ml (¼ tasse) de miel
- 60 ml (¼ tasse) de sauce de poisson

Faire bouillir de l'eau dans la partie inférieure d'un cuiseur vapeur.

Foncer la partie supérieure avec un papier parchemin pour empêcher de coller. Faire quelques trous dans le papier pour égoutter le jus.

Placer le poulet dans le cuiseur vapeur, déposer les tranches de citron et le gingembre. Fermer le couvercle et cuire 8 minutes.

Ajouter les fèves vertes et cuire 5 minutes ou jusqu'à ce que le poulet soit cuit.

Dans un bol, mêler le miel et la sauce de poisson.

Déposer les poitrines dans une assiette, verser la sauce sur le poulet.

Assaisonner et servir avec les fèves vertes.

Poulet méditerranéen

4 poitrines de poulet sans peau

Marinade

**60 ml (4 c. à soupe) d'huile d'olive
extra-vierge pressée à froid**

5 ml (1 c. à thé) de cumin moulu

**5 ml (1 c. à thé) de flocons
de piment séché**

1 gousse d'ail hachée finement

15 ml (1 c. à soupe) de jus de citron

Zeste de 1 citron biologique

**60 ml (¼ tasse) de coriandre
fraîche hachée**

Sel et poivre au goût

Dans un plat creux, mélanger les ingrédients de la marinade. Y déposer les poitrines de poulet et les faire mariner un minimum de 2 h au réfrigérateur en les retournant une ou deux fois.

Préchauffer le four à 110 °C (230 °F).

Déposer les poitrines dans un plat allant au four et enfourner.

Cuire environ 1 h 45 à 2 h ou jusqu'à ce que le poulet atteigne 82 °C (180 °F).

Servir avec la sauce chermoula.

Poulet rôti et sa sauce BBQ

Pour 4 personnes

1 poulet de 1,5 à 1,8 kg
(3,3 à 4 lb)

1 citron coupé en 2 (en prélever
2 c. à soupe [30 ml] pour arroser
le poulet)

Huile d'olive extra-vierge
pressée à froid

Paprika fumé

Sel et poivre

Sauce BBQ

15 ml (1 c. à soupe) d'huile d'olive
extra-vierge pressée à froid

80 ml (⅓ tasse) d'oignon émincé

60 ml (¼ tasse) de carotte émincée

375 ml (1 ½ tasse) de bouillon
de poulet

5 ml (1 c. à thé) de pâte de tomate

8 grains de poivre

1 gousse d'ail écrasée

1 feuille de laurier

1 pincée de thym

2 pincées de flocons de piment
séché ou piment d'Espelette

Sel

15 ml (1 c. à soupe) de farine de riz
ou de fécule de tapioca

45 ml (3 c. à soupe) d'eau

Préchauffer le four à 110 °C (230 °F).

Mettre le poulet dans un plat allant au four.
Arroser de jus de citron et d'huile d'olive. Mettre
les moitiés de citron dans la cavité du poulet.

Saupoudrer de paprika fumé. Saler et poivrer.

Enfourner le poulet et cuire environ 4 h 30 à 5 h,
jusqu'à ce que le thermomètre à viande indique
82 °C (180 °F).

Sauce BBQ

Faire chauffer l'huile dans une casserole moyenne
à feu modéré. Dès que l'huile est chaude, faire
revenir l'oignon et la carotte quelques minutes,
jusqu'à ce que l'oignon colore.

Ajouter le bouillon de poulet, la pâte de tomate
et amener à ébullition. Ajouter les aromates, le
piment et le sel et faire mijoter à feu doux pendant
30 minutes. Transvider le tout à travers une
passoire dans un bol et remettre la sauce dans la
casserole sur le feu.

Délayer la farine de riz ou de tapioca dans l'eau.
Retirer la casserole du feu et y verser la liaison
d'un seul trait sur la sauce. Bien mélanger et
remettre la casserole sur le feu. Amener à
ébullition en remuant jusqu'à ce que la sauce
épaississe, 2 à 3 minutes.

Poulet à la sauce mole

Ce plat mexicain est une explosion de saveurs. Le chocolat est inhabituel dans nos recettes de viande, mais il donne du caractère à ce plat.

Pour 4 personnes

1 oignon haché finement

2 gousses d'ail hachées

Huile d'olive extra-vierge pressée à froid

8 hauts de cuisse de poulet désossés

1 piment fort ou 2 ml (½ c. à thé) de piment séché

1 bâton de cannelle

60 g (2 oz) de chocolat noir haché

125 ml (½ tasse) d'amandes effilées

30 ml (2 c. à soupe) de raisins dorés

250 ml (1 tasse) de tomates en dés

250 ml (1 tasse) de bouillon de poulet

10 ml (2 c. à thé) de cumin

Sel et poivre

Dans une poêle chaude, faire revenir les oignons et l'ail dans l'huile d'olive.

Ajouter le reste des ingrédients et laisser mijoter sur feu doux 30 minutes.

Retirer le poulet et faire réduire la sauce jusqu'à consistance désirée.

Servir avec des pommes de terre vapeur et des poivrons rouges rôtis.

Lapin braisé aux champignons

Pour 4 personnes

1 lapin de 1,3 à 1,5 kg (2,8 à 3,3 lb)

Sel et poivre

300 g (10 oz) de champignons

30 ml (2 c. à soupe) d'huile d'olive
extra-vierge pressée à froid

60 ml (4 c. à soupe) d'échalotes
françaises hachées finement

250 ml (1 tasse) de vin blanc

Bouillon de poulet pour couvrir

1 carotte coupée en 2
dans le sens de la longueur

1 branche de céleri

1 feuille de laurier

2 branches de thym

15 à 30 ml (1 à 2 c. à soupe)
de farine de riz brun (facultatif)

125 ml (½ tasse) de crème végétale
(style Belsoy)

30 ml (2 c. à soupe)
de basilic frais ciselé

Assaisonner le lapin de sel et de poivre et le déposer dans une grande casserole. Les morceaux ne doivent pas se chevaucher.

Nettoyer les champignons et les couper en tranches.

Dans une grande poêle sur feu modéré, faire chauffer l'huile d'olive et ajouter les échalotes. Cuire jusqu'à ce qu'elles deviennent transparentes, environ 5 minutes.

Ajouter les champignons et cuire 3 à 5 minutes à couvert. Les retirer de la poêle et réserver. Verser le jus de cuisson et le vin blanc sur les morceaux de lapin. Compléter avec suffisamment de bouillon pour recouvrir la viande.

Ajouter la carotte, la branche de céleri, la feuille de laurier, les branches de thym et porter à ébullition sur feu modéré. Réduire le feu, couvrir la casserole et laisser mijoter doucement pendant 1 h 30 ou jusqu'à ce que la viande se détache des os.

Retirer le lapin de la casserole, le couvrir et le garder au chaud. Filtrer le bouillon, le dégraisser si nécessaire et en prélever 4 tasses. Mettre les 4 tasses de bouillon dans la casserole et laisser réduire pendant environ 10 minutes. Ajouter la moitié des champignons et réduire en purée au pied-mélangeur. Épaissir le bouillon avec la farine de riz si désiré. La sauce doit avoir la consistance d'une purée claire.

Ajouter le reste des champignons et la crème végétale et mélanger. Remettre les morceaux de lapin dans la casserole et laisser mijoter (sans laisser bouillir) très doucement 5 minutes. Ajouter le basilic et servir.

Osso buco in bianco à la milanaise

Pour 4 personnes

60 ml (4 c. à soupe) d'huile d'olive extra-vierge pressée à froid

1 petit oignon en petits dés

3 gousses d'ail émincées

1 carotte en petits dés

1 branche de céleri en petits dés

30 ml (2 c. à soupe) de thym frais haché

3 feuilles de laurier

1 ml (¼ c. à thé) de quatre-épices (*allspice*)

1 ml (¼ c. à thé) de cannelle

500 ml (2 tasses) de vin blanc sec

500 ml (2 tasses) de bouillon de poulet

60 ml (¼ tasse) champignons porcini séchés ou autres

Sel et poivre au goût

4 jarrets de veau d'environ 250 g (9 oz) chacun

30 à 45 ml (2 à 3 c. à soupe) de farine de riz blanc (facultatif)

Gremolata

1 gousse d'ail hachée finement

Zeste de ½ citron biologique

30 ml (2 c. à soupe) de persil plat haché

Un peu d'huile d'olive extra-vierge pressée à froid pour humecter la gremolata (facultatif)

Dans une grande casserole, faire chauffer 60 ml (4 c. à soupe) d'huile d'olive.

Ajouter l'oignon, l'ail, la carotte, le céleri, le thym et les feuilles de laurier. Faire sauter jusqu'à ce que les légumes soient tendres et dorés, environ 5 minutes. Ajouter les épices mélangées et la cannelle et continuer la cuisson environ 30 secondes, jusqu'à ce que le tout devienne odorant.

Ajouter le vin blanc, porter à ébullition et laisser réduire de moitié. Ajouter le bouillon de poulet et les champignons séchés et porter à ébullition. Saler et poivrer.

Baisser le feu à doux et ajouter les jarrets de veau. Couvrir et laisser mijoter doucement (ne pas laisser bouillir sinon la viande sera coriace) environ 2 h, la viande doit être tendre et se détacher de l'os.

Aussitôt cuit, retirer le veau de la casserole, couvrir et réserver au chaud. Dégraisser le bouillon et le filtrer si désiré. Rectifier l'assaisonnement. Si désiré, épaissir le bouillon en ajoutant de la farine de riz. Remettre le veau dans la casserole et chauffer doucement.

Au service, garnir les jarrets de gremolata.

Gremolata

Mélanger tous les ingrédients de la gremolata et l'utiliser pour garnir les jarrets avec.

Pommes de terre ratte aux fines herbes

1 kg (2 lb) de pommes de terre ratte

Huile d'olive extra-vierge pressée à froid

½ tasse de fines herbes fraîches hachées (persil, ciboulette, basilic, thym ou romarin)

Sel et poivre

Laver les pommes de terre ratte* et ne pas les éplucher.

À la vapeur : les cuire à la vapeur douce pendant 10 à 15 minutes selon la taille

À l'eau : les placer dans une casserole et recouvrir d'eau froide salée jusqu'à hauteur des pommes de terre. Laisser cuire à mi-couvert et à petits bouillons pendant 20 à 25 minutes selon la taille.

Aussitôt cuites, les couper en deux dans le sens de la longueur, les placer dans un plat de service, les arroser d'huile d'olive, parsemer de fines herbes, saler et poivrer.

Service

Servir avec les pommes de terre ratte assaisonnées de sel, poivre, fines herbes fraîches ciselées et huile d'olive extra-vierge pressée à froid et les cipollini caramélisés (voir p. 102) ou des légumes racines rôtis.

* Variété de pomme de terre à tubercules allongés, de grande qualité gustative.

Tajine d'agneau aux abricots

Pour 4 personnes

675 g (1,5 lb) d'agneau coupé
en cubes

2 gousses d'ail écrasées

80 ml (⅓ tasse) de jus d'orange

60 ml (¼ tasse) d'huile d'olive
extra-vierge pressée à froid

15 ml (1 c. à soupe) de menthe
fraîche hachée

15 ml (1 c. à soupe) de coriandre
fraîche hachée

5 ml (1 c. à thé) de cumin moulu

1 pincée de muscade râpée

1 oignon émincé

250 ml (1 tasse) d'abricots secs
coupés en 2

500 ml (2 tasses) de bouillon
de poulet

Sel et poivre

Graines de sésame rôties
pour la décoration

Dans un grand plat, mélanger l'agneau, l'ail, le jus d'orange, 2 c. à soupe d'huile d'olive, les herbes et les épices. Couvrir et placer au réfrigérateur toute la nuit.

Chauffer le reste de l'huile dans une cocotte, faire revenir l'oignon.

Ajouter les autres ingrédients, couvrir et cuire à feu doux environ 1 h 30 ou jusqu'à ce que l'agneau soit très tendre.

À la fin de cuisson, retirer le couvercle et laisser épaissir la sauce.

Rectifier l'assaisonnement. Saupoudrer de graines de sésame rôties.

Servir l'agneau avec du quinoa et des carottes rôties.

Poivrons farcis à l'agneau

Ce plat est idéal pour la famille : il se prépare d'avance,
il est complet et on le servira avec une salade verte.

Pour 4 personnes

**125 ml (½ tasse) de bouillon
de poulet ou d'eau**

125 ml (½ tasse) de riz blanc

**4 gros poivrons, si possible
de différentes couleurs**

**60 ml (¼ tasse) de noix de pin
ou de bâtonnets d'amande**

1 oignon moyen haché

2 gousses d'ail hachées

**30 ml (2 c. à soupe) d'huile d'olive
extra-vierge pressée à froid**

**500 g (1 lb) d'agneau ou
de veau haché**

2 ml (½ c. à thé) de cannelle

80 ml (⅓ tasse) de raisins secs

**1 petite boîte de 213 ml (⅞ tasse)
de sauce tomate**

**125 ml (½ tasse) de menthe fraîche
ou de persil haché**

Sel, poivre

125 ml (½ tasse) d'eau

Préchauffer le four à 180 °C (350 °F).

Dans une casserole, porter le bouillon ou l'eau à
ébullition. Ajouter le riz, baisser le feu et cuire
10 minutes. Réserver.

Couper les poivrons en deux, les nettoyer et les
blanchir dans l'eau bouillante quelques minutes.
Égoutter et réserver.

Dans un poêlon, rôtir les noix de pin ou les
amandes à sec jusqu'à ce qu'elles soient dorées.
Réserver.

Faire revenir à feu doux les oignons et l'ail dans
l'huile d'olive. Ajouter l'agneau ou le veau, la
cannelle, les raisins secs, les noix de pin ou
les amandes. Bien mélanger.

Ajouter la sauce tomate, le riz semi-cuit
et la menthe. Assaisonner.

Dans un plat allant au four, disposer les poivrons
et répartir la farce.

Arroser d'un filet d'huile d'olive et verser l'eau
dans le fond du plat.

Couvrir et cuire 40 minutes.

Servir sur une purée de panais à la moutarde
de Dijon (voir p. 114). Garnir de persil haché.

Ragoût de boulettes et pattes de porc

3 pattes ou jarrets de porc

1 oignon piqué de 2 clous de girofle

5 ml (1 c. à thé) de sel

5 ml (1 c. à thé) de quatre-épices (*allspice*)

1 feuille de laurier

250 ml (1 tasse) de bouillon de bœuf ou de poulet

2 oignons hachés

Boulettes

500 g (1 lb) de porc haché

500 g (1 lb) de veau haché

125 ml (½ tasse) de chapelure sans gluten

1 oignon haché finement

2 gros œufs battus

125 ml (½ tasse) de bouillon de poulet

10 ml (2 c. à thé) de quatre-épices (*allspice*)

Une pincée de clou de girofle (au goût)

Sel et poivre au goût

180 ml (¾ tasse) de farine de riz brun

Pattes de porc

Dans une grande casserole, mettre les pattes de porc, l'oignon piqué de clous de girofle, les épices et la feuille de laurier. Couvrir d'eau et amener à ébullition. Écumer et laisser mijoter doucement 2 h jusqu'à ce que la viande se défasse à la fourchette.

Jeter l'oignon. Retirer les pattes du bouillon. Enlever les os et la couenne et défaire en gros morceaux. Réserver.

Filtrer le bouillon, le dégraisser et le mettre dans une grande casserole. Ajouter le bouillon de bœuf ou de poulet et les oignons hachés. Amener à ébullition. Laisser mijoter doucement pendant la préparation des boulettes.

Boulettes

Dans un grand bol, au batteur électrique, bien mélanger le porc, le veau, la chapelure sans gluten, l'oignon, les œufs, le bouillon de poulet, les épices, le sel et le poivre.

Façonner des boulettes d'environ 2,5 cm (1 po) de diamètre et les rouler dans la moitié de la farine de riz brun. Les ajouter au bouillon très chaud. Laisser mijoter à feu doux 30 minutes en remuant à l'occasion.

Retirer les boulettes du bouillon et réserver. Dégraisser le bouillon.

Remettre les boulettes et les morceaux de porc dans le bouillon. Incorporer le reste de la farine de riz jusqu'à la consistance désirée. Laisser mijoter à feu doux 35 minutes en remuant à l'occasion.

Servir avec une purée de pommes de terre et légumes racines.

Rôti de bœuf au jus
(cuisson à basse température)

Le rôti de bœuf au jus est un classique de la cuisine de nos mères. La cuisson à basse température permet au rôti de conserver son jus et son volume initial. Le rôti sera ainsi plus tendre et très savoureux. Il est difficile de déterminer le temps de cuisson d'une façon précise. Le thermomètre et l'expérience sauront vous guider.

Pour 4 à 6 personnes

1 rôti de bœuf haut de surlonge ou équivalent d'environ 1,5 kg (3 lb)

Huile d'olive

1 oignon tranché

2 carottes tranchées

2 gousses d'ail

Sel, poivre

Sauce

125 ml (½ tasse) de vin rouge

250 ml (1 tasse) de consommé de bœuf

Laisser la viande 45 minutes à la température ambiante.

Préchauffer le four à 110 °C (230 °F).

Assaisonner le rôti, le badigeonner d'huile et insérer le thermomètre* à demi-épaisseur.

Dans une lèchefrite, déposer le rôti sur le lit de légumes.

Déposer la lèchefrite au centre du four.

Cuire jusqu'à ce que le thermomètre indique :

- ► Saignant : 50 °C (120 °F)
- ► À point : 60 °C (150 °F)
- ► Bien cuit : 70 °C (160 °F)

Pour un rôti de 6 à 8 cm (2 ½ à 3 po) d'épaisseur, vérifier la température après 1 h 30 de cuisson.

Sortir du four et couvrir d'une feuille de papier aluminium pour 10 à 15 minutes avant de couper.

* Le thermomètre est indispensable pour un rôti cuit à notre goût.

Pour la sauce

Déglacer au vin rouge ou au consommé de bœuf.

Dans une casserole, laisser mijoter les légumes rôtis et le consommé durant 20 à 30 minutes. Filtrer et rectifier l'assaisonnement.

Au goût, lier avec 10 ml (2 c. à thé) de fécule de tapioca délayée dans l'eau froide.

Servir le rôti dans une assiette chaude accompagné de purée de pommes de terre et céleri-rave (voir p. 115).

Souris d'agneau à la provençale

Pour 4 personnes

4 souris d'agneau

30 ml (2 c. à soupe) d'huile d'olive extra-vierge pressée à froid

2 oignons coupés grossièrement

15 gousses d'ail

1 à 2 pincées de flocons de piment séché

7 ml (½ c. à soupe) de cumin en poudre

3 poivrons rouges épépinés et coupés en morceaux de 2,5 cm (1 po)

1 boîte de tomates italiennes de 398 ml (14 oz)

60 ml (¼ tasse) de persil haché

Marinade

125 ml (½ tasse) de vin rouge

2 ml (½ c. à thé) de sel

Une pincée de poivre

1 ml (¼ c. à thé) de thym séché

Dans un plat ou un sac de plastique, mélanger le vin rouge, le sel, le poivre et le thym, et y déposer les souris d'agneau. Laisser mariner au réfrigérateur un minimum de 12 h, en retournant les souris à quelques reprises.

Égoutter les souris d'agneau et réserver la marinade.

Préchauffer le four à 110 °C (230 °F).

Dans une casserole allant au four, faire chauffer l'huile d'olive et ajouter l'oignon, l'ail et les flocons de piment. Cuire 5 minutes à feu modéré-doux. Ajouter le cumin et cuire 1 minute. Ajouter les poivrons et cuire encore quelques minutes.

Ajouter les tomates et la marinade. Amener à ébullition et ajouter les souris d'agneau, bien mélanger et couvrir. Placer la casserole dans le four et cuire de 5 à 5 h 30 environ sans ouvrir le four ou jusqu'à ce que la viande soit très tendre et se détache de l'os.

Retirer les souris de la casserole, les couvrir et réserver au chaud. Dégraisser la sauce. Réduire la sauce en purée. Si la sauce est trop épaisse, ajouter du bouillon de poulet ; si elle est trop liquide, la faire réduire sur le feu.

Remettre les souris d'agneau dans la sauce.

Servir sur une purée de panais à la moutarde de Dijon (voir p. 114). Garnir de persil haché.

Choucroute garnie

La choucroute (chou fermenté dans une saumure) est un plat que l'on retrouve dans plusieurs pays. En France, c'est une spécialité régionale d'Alsace. Un plat d'automne et d'hiver réconfortant qui se réchauffe bien.

Pour 4 personnes

1 kg (2 lb) de choucroute

500 ml (2 tasses) d'eau

250 g (8 oz) de bacon fumé sans agents de conservation (facultatif)

45 ml (3 c. à soupe) d'huile végétale

1 oignon moyen haché

1 carotte moyenne finement émincée

2 gousses d'ail écrasées

250 ml (1 tasse) de vin blanc sec

250 ml (1 tasse) de bouillon de poulet

4 saucisses fumées ou autres sans gluten, faibles en gras, sans agents de conservation

Aromates

4 branches de persil

1 feuille de laurier

10 grains de poivre

15 baies de genièvre

Faire tremper la choucroute dans de l'eau froide 5 minutes pour enlever l'excédent d'acidité. Bien égoutter à l'aide d'une passoire. Réserver.

Dans une petite casserole, faire bouillir 500 ml (2 tasses) d'eau. Ajouter le bacon coupé en gros morceaux et cuire à feu modéré pendant 5 minutes. Égoutter et réserver.

Dans une grande casserole, faire chauffer l'huile végétale sur feu modéré et ajouter l'oignon, la carotte et l'ail. Cuire 5 minutes, jusqu'à ce que l'oignon devienne transparent. Ne pas laisser roussir.

Ajouter les aromates, les morceaux de bacon et la choucroute à la préparation. Verser le vin blanc et le bouillon, et bien mélanger. Amener à ébullition, couvrir et réduire le feu à minimum.

Laisser mijoter doucement pendant 2 h 30 en tournant de temps en temps afin d'éviter que la choucroute colle au fond.

Pendant ce temps, cuire les saucisses 10 minutes dans l'eau bouillante et égoutter. Réserver.

Ajouter les saucisses à la choucroute et continuer à cuire doucement environ 30 minutes.

On sert la choucroute avec des pommes de terre cuites vapeur ou bouillies.

Pois chiche à l'espagnole

Un savoureux plat catalan.

Pour 4 à 5 personnes

250 ml (1 tasse) de pois chiche secs

2 oignons de taille moyenne piqués de 2 clous de girofle chacun

2 carottes coupées en 4

2 branches de thym

2 branches de persil

1 feuille de laurier

2 ml (½ c. à thé) de sel

1 ml (¼ c. à thé) de poivre

Bouillon de poulet ou de légumes ou eau pour couvrir

45 ml (3 c. à soupe) d'huile d'olive extra-vierge pressée à froid

400 g (14 oz) de saucisses chorizo ou autres saucisses fraîches (sans gluten, sans agents de conservation, faibles en gras)

30 ml (2 c. à soupe) de concentré de tomate

1 gousse d'ail écrasée

Coriandre et persil frais

Faire tremper les pois chiche dans l'eau pendant 12 h.

Rincer et égoutter les pois chiche et les mettre dans une grande casserole. Ajouter les oignons, les carottes, les aromates, le sel et le poivre.

Mettre assez de bouillon ou d'eau pour couvrir complètement les ingrédients.

Verser l'huile d'olive sur le dessus et amener à ébullition à feu vif.

Couvrir la casserole et cuire à feu doux pendant 1 h 30. Ajouter les saucisses et continuer la cuisson 30 minutes.

Avec l'écumoire, mettre les pois chiche dans une autre casserole.

Retirer les saucisses et les couper en morceaux. Retirer les carottes et les oignons (enlever les clous de girofle) et écraser à la fourchette. Passer le bouillon à la passoire, le dégraisser et en réserver 250 ml (1 tasse).

Ajouter aux pois chiche, les saucisses, les carottes et les oignons écrasés, le concentré de tomate, l'ail et la tasse de bouillon. Amener à ébullition sur feu modéré. Réduire le feu, couvrir et cuire doucement 30 minutes.

Servir sur du riz et parsemer de persil et de coriandre.

Rôti de porc aux fruits

Pour 4 à 5 personnes

250 ml (1 tasse) de fruits séchés hachés : pommes-canneberges ou abricots-pruneaux

15 ml (1 c. à soupe) de gingembre frais râpé

5 ml (1 c. à thé) de zeste d'orange

7 ml (1 ½ c. à thé) de cumin moulu

2 gousses d'ail hachées

Sel et poivre

1 rôti de longe de porc désossé (environ 1,5 kg [3 lb])

1 oignon émincé

15 ml (1 c. à soupe) d'huile d'olive extra-vierge pressée à froid

250 ml (1 tasse) de jus de pomme naturel

15 ml (1 c. à soupe) de vinaigre de cidre

Paprika, sel et poivre

Dans un bol, mélanger les fruits hachés, le gingembre, le zeste d'orange, le cumin et l'ail. Saler et poivrer.

À l'aide d'un couteau aiguisé, couper la longe dans le sens de la longueur pour l'ouvrir. Déposer la préparation aux fruits au centre de la longe de porc. Rouler et ficeler très serré, en plusieurs endroits.

Dans une casserole, faire revenir l'oignon dans l'huile d'olive, déposer le rôti et ajouter le jus de pomme et le vinaigre de cidre. Assaisonner et saupoudrer de paprika.

Cuire à feu doux environ 1 h 30 ou jusqu'à ce que le thermomètre indique 70 °C (160 °F).

Laisser reposer 15 minutes recouvert d'un papier aluminium.

Dégraisser la sauce, allonger avec de l'eau au besoin. Filtrer la sauce, au goût.

Servir avec les pommes de terre à la boulangère (voir p. 113).

Légumes

Cipollini caramélisés

250 ml (1 tasse) d'eau

250 g (9 oz) de cipollini ou de petits oignons jaunes ou rouges

75 ml (5 c. à soupe) de vin rouge

15 ml (1 c. à soupe) de vincotto (facultatif)

30 ml (2 c. à soupe) de vinaigre balsamique

30 ml (2 c. à soupe) d'huile d'olive extra-vierge pressée à froid

15 ml (1 c. à soupe) de sirop d'érable

1 branche de romarin

Préchauffer le four à 245 °C (475 °F).

Faire bouillir l'eau et ajouter les oignons. Les blanchir 30 secondes. Les égoutter et les refroidir à l'eau. Peler les oignons et réserver.

Dans un bol, mélanger le vin rouge, le vincotto, le vinaigre balsamique, l'huile d'olive et le sirop d'érable. Ajouter les oignons et la branche de romarin. Mélanger.

Verser le tout dans un plat allant au four et cuire 30 minutes.

Retirer les oignons du plat et verser le liquide restant dans une casserole. Réduire jusqu'à consistance de sirop. Remettre les oignons dans le sirop et cuire 3 minutes à feu doux.

Au service, napper les oignons de sirop.

Suggestion
Servir en accompagnement d'un osso buco in bianco à la milanaise ou de tout autre plat de viande ou de poisson.

Chou-fleur braisé au curcuma

1 petit chou-fleur

30 ml (2 c. à soupe) d'huile d'olive extra-vierge pressée à froid ou de canola biologique (voir p. 339)

5 ml (1 c. à thé) de curcuma

1 ml (¼ c. à thé) de piment de Cayenne moulu

250 ml (1 tasse) de bouillon de légumes ou de poulet

60 à 125 ml (¼ à ½ tasse) de fines herbes hachées: coriandre, persil ou ciboulette

Rincer et couper les fleurons du chou-fleur.

Chauffer l'huile et incorporer le curcuma. Après quelques minutes, ajouter le chou-fleur.

Tourner dans l'huile quelques minutes et ajouter le piment et le bouillon.

Couvrir et laisser mijoter quelques minutes, jusqu'à tendreté.

À découvert, mélanger sur feu moyen jusqu'à ce que les fleurons commencent à brunir.

Assaisonner au goût et ajouter les fines herbes.

Couscous de légumes à la marocaine

À LA MIJOTEUSE

Pour 4 personnes

2 carottes tranchées en rondelles

1 courge musquée moyenne, pelée et coupée en dés de 2,5 cm (1 po)

1 oignon moyen haché

560 ml (2 ¼ tasses) de pois chiche cuits ou en conserve, bien rincés et égouttés

560 ml (2 ¼ tasses) de tomates fraîches ou en conserve, coupées en dés avec leur jus

250 ml (1 tasse) de bouillon de légumes ou de poulet

125 ml (½ tasse) de pruneaux dénoyautés et hachés

5 ml (1 c. à thé) de cannelle

2 ml (½ c. à thé) de flocons de piment rouge

30 ml (2 c. à soupe) de persil (ou coriandre) haché

Sel et poivre au goût

Quinoa

Mettre dans la mijoteuse tous les ingrédients sauf le persil (ou la coriandre), le sel et le poivre. Bien mélanger. Mettre le couvercle et laisser cuire à basse température environ 6 h ou à haute température de 3 à 4 h jusqu'à ce que les légumes soient tendres.

Avant de servir, saler et poivrer au goût et ajouter le persil ou la coriandre.

Servir chaud sur un lit de quinoa (environ 1 tasse avant cuisson) à deux ou trois couleurs, cuit préalablement dans de l'eau (selon les indications sur l'emballage) et conservé au chaud.

Il est possible également d'utiliser un couscous de manioc (fatou attiéké).

Chou rouge braisé

1 oignon tranché mince

1 c. à soupe (15 ml) d'huile d'olive

½ chou rouge

2 pommes pelées et taillées en bâtonnets

5 ml (1 c. à thé) de sucanat

2 clous de girofle ou baies de genièvre

125 ml (½ tasse) de vin rouge ou bouillon de poulet

Sel et poivre

30 ml (2 c. à soupe) de vinaigre de vin rouge

Préchauffer le four à 180 °C (350 °F).

Dans une cocotte, chauffer l'huile à feu moyen et ajouter les oignons. Cuire jusqu'à ce qu'ils soient transparents.

Ajouter tous les ingrédients sauf le vinaigre.

Couvrir et braiser au four environ 1 h.
Le chou est très tendre lorsqu'il est cuit.

Ajouter le vinaigre de vin.

Ce plat accompagne bien les volailles ou le porc.

Émincé de courgettes et tomates séchées

Pour 4 personnes

400 g (14 oz) de courgettes

15 ml (1 c. à soupe) d'huile d'olive extra-vierge pressée à froid

2 grosses échalotes françaises hachées finement

15 ml (1 c. à soupe) d'ail haché

15 ml (1 c. à soupe) de thym frais haché

15 ml (1 c. à soupe) de romarin frais haché

15 ml (1 c. à soupe) d'huile d'olive au citron ou aromatisée

8 morceaux de tomates séchées au soleil dans l'huile

45 ml (3 c. à soupe) de persil frais haché

Sel et poivre au goût

45 ml (3 c. à soupe) de copeaux à saveur de mozzarella ou parmesan végétal (ex. Daiya)

Émincer les courgettes 3 mm (⅛ po) d'épaisseur à l'aide d'une mandoline ou d'un couteau.

Dans une casserole, chauffer l'huile d'olive et y faire suer les échalotes, les courgettes et l'ail avec le thym et le romarin 5 minutes.

Ajouter l'huile aromatisée et cuire 10 minutes de plus à feu moyen en remuant de temps en temps.

Ajouter les tomates et le persil, saler et poivrer, puis mélanger. Au besoin, retirer le surplus de liquide. Rectifier l'assaisonnement si nécessaire.

Préchauffer le four à 200 °C (400 °F).

Déposer la préparation dans des ramequins (petits plats allant au four) de 10 cm (4 po) de diamètre, parsemer d'un peu de fromage végétal. Enfourner de 10 à 15 minutes.

Épinards à l'oignon

Pour 2 à 3 personnes

1 paquet de 285 g (10 oz) d'épinards frais

60 ml (¼ tasse) de bouillon de poulet

60 ml (¼ tasse) d'oignon finement haché

Jus de ½ citron

Sel et poivre au goût

Laver les épinards et éliminer les queues.

Dans une casserole moyenne, mettre le bouillon de poulet, l'oignon haché, le jus de citron, le sel et le poivre et amener à ébullition à feu maximum. Laisser bouillir 1 minute.

Ajouter les épinards et couvrir la casserole. Régler le feu à modéré. Dès que la vapeur s'échappe de la casserole, après 3 minutes environ, découvrir et remuer les épinards en les retournant jusqu'à ce qu'ils soient cuits.

Fenouil braisé

2 bulbes de fenouil

250 ml (1 tasse) de bouillon
de poulet

125 ml (½ tasse) d'huile d'olive
extra-vierge pressée à froid

125 ml (½ tasse) de vin blanc

5 ml (1 c. à thé) de graines
de coriandre

Sel, poivre

Laver les fenouils, retirer les parties jaunies
et les couper en 4.

Mettre dans une casserole, ajouter le bouillon,
l'huile, le vin et la coriandre.

Assaisonner et mijoter doucement environ
45 minutes ou jusqu'à ce qu'ils soient tendres.

Retourner les fenouils de temps en temps.
Le liquide doit diminuer de moitié à la fin.

Servir chaud avec un poisson ou froid en salade.

Crêpes farcies aux asperges et sa sauce chou-fleur

Pour 4 personnes

8 crêpes minces de 25 cm (10 po) de diamètre environ

28 asperges (plus ou moins)

Sirop d'érable

Crêpes
(8 à 9 crêpes minces)

3 œufs

375 ml (1 ½ tasse) de lait d'amande ou autre lait végétal

90 ml (¼ tasse + 2 c. à soupe) de farine de riz blanc

60 ml (¼ tasse) de fécule de tapioca

60 ml (¼ tasse) de fécule de pomme de terre

Pincée de sel

15 ml (1 c. à soupe) d'huile de pépins de raisin ou autre huile végétale

45 ml (3 c. à soupe) de ciboulette ciselée

Sauce chou-fleur

750 ml (3 tasses) de chou-fleur en bouquets

30 ml (2 c. à soupe) d'huile d'olive extra-vierge pressée à froid

1 oignon haché

250 ml à 375 ml (1 à 1 ½ tasse) de bouillon de poulet tiède

Sel et poivre

125 ml (½ tasse) de ciboulette ciselée

Crêpes

Mélanger ensemble tous les ingrédients au fouet ou au mélangeur électrique. La préparation est assez liquide. Ne pas laisser reposer la pâte, cuire les crêpes immédiatement.

Badigeonner une poêle à crêpes de 25 cm (10 po) de diamètre d'un peu d'huile végétale. Lorsque le poêle est chaude, verser 80 ml (⅓ tasse) de la préparation à crêpes et bien couvrir toute la surface de la poêle. Cuire 1 à 2 minutes chaque côté. Garder au chaud. Cuire les autres crêpes et réserver au chaud.

Cuire les asperges à la vapeur ou dans l'eau salée. Selon le diamètre des asperges, le temps de cuisson peut varier de 8 à 10 minutes. Vérifier la cuisson avec la pointe d'un couteau. Réserver.

Sauce chou-fleur

Cuire le chou-fleur à la vapeur douce.

Dans une casserole moyenne, faire chauffer l'huile d'olive sur feu modéré et ajouter l'oignon. Cuire 10 minutes, en brassant régulièrement, jusqu'à ce que l'oignon devienne transparent.

Ajouter le chou-fleur, bien mélanger et mettre dans le mélangeur. Réduire en purée en ajoutant le bouillon de poulet 125 ml (½ tasse) à la fois jusqu'à consistance d'une sauce à napper. Saler et poivrer. Remettre la sauce dans la casserole et réserver au chaud.

Mettre un peu de sauce chou-fleur au centre de la crêpe. Ajouter les asperges et replier les côtés. Napper le dessus de la crêpe de sauce chou-fleur. Parsemer de ciboulette fraîche.

Le tout est très bon avec un peu de sirop d'érable.

Poivrons rouges rôtis en salade tiède

Pour 4 personnes

3 poivrons rouges

Huile d'olive extra-vierge pressée à froid

Ail haché finement

Persil plat ciselé

Basilic ciselé

Sel et poivre

Préchauffer le four à 220 °C (425 °F).

Couper les poivrons en 2, les épépiner, les enduire d'huile d'olive et les déposer sur une tôle à biscuit tapissée de papier parchemin.

Cuire au four de 25 à 30 minutes jusqu'à ce que la peau noircisse. Les retourner à mi-cuisson.

Lorsque les poivrons sont cuits, les déposer dans un bol, les couvrir et attendre qu'ils tiédissent. La peau s'enlèvera facilement.

Couper les moitiés de poivrons en 2, les disposer sur une assiette de service, les arroser d'huile d'olive, parsemer d'un peu d'ail, de persil et de basilic, saler et poivrer.

Cuisson au barbecue

Préchauffer le barbecue à température moyenne.

Couper les poivrons en 2, les épépiner, les enduire d'huile d'olive extra-vierge. Les déposer sur la grille du barbecue et cuire environ 12 à 15 minutes de chaque côté jusqu'à ce que la peau noircisse.

Pour enlever la peau, procéder comme décrit plus haut.

Pommes de terre
à la boulangère

75 ml (5 c. à soupe) d'huile d'olive extra-vierge pressée à froid

375 ml (1 ½ tasse) d'oignon haché

30 ml (2 c. à soupe) d'échalotes françaises hachées finement

2 gousses d'ail hachées finement

2 ml (½ c. à thé) de thym séché

1 l (4 tasses) de pommes de terre coupées en tranches très minces et recouvertes d'eau froide

Sel et poivre

125 ml (½ tasse) de bouillon de bœuf, de poulet, de légumes ou de fond de veau

Préchauffer le four à 110 °C (230 °F).

Dans une poêle, faire chauffer l'huile d'olive sur feu modéré. Ajouter l'oignon haché et l'échalote française, bien mélanger et cuire doucement jusqu'à ce que les oignons et l'échalote deviennent blonds, environ 10 minutes. Ajouter l'ail et le thym, cuire 1 minute et retirer la casserole du feu.

Égoutter les pommes de terre et les mettre dans un bol. Ajouter l'oignon aux pommes de terre, saler et poivrer et bien mélanger.

Répartir uniformément dans un plat de 4 cm (1 ½ po) de profondeur. Ajouter le bouillon. Couvrir avec une feuille de papier parchemin huilé de la même dimension que le plat.

Enfourner les pommes de terre et cuire 2 h environ jusqu'à ce que les pommes de terre aient absorbé le bouillon et soient tendres.

Purée de panais
à la moutarde de Dijon

<u>Pour 4 à 6 personnes</u>

1 kg (2 lb) de panais

60 ml (¼ tasse) de margarine

60 ml (¼ tasse) de bouillon de poulet

30 ml (2 c. à soupe) de moutarde de Dijon ou à l'ancienne

Sel et poivre

Peler les panais. Enlever la partie centrale du côté de la grosse extrémité qui est dure et fibreuse. Les couper en dés.

Les cuire à la vapeur ou les placer dans une casserole, les couvrir d'eau froide et porter à ébullition. Ajouter un peu de sel, baisser le feu à modéré et cuire environ 20 minutes jusqu'à tendreté.

Les réduire en purée au pilon, ajouter la margarine, le bouillon de poulet et la moutarde de Dijon. Saler et poivrer au goût.

Purée de pommes de terre et céleri-rave

500 g (1 lb) de céleri-rave

500 g (1 lb) de pommes de terre

60 ml (¼ tasse) de margarine

60 ml (¼ tasse) de bouillon de poulet ou plus si désiré

Sel et poivre

Peler et couper en petits morceaux le céleri-rave et les pommes de terre.

Les placer dans une casserole, les couvrir d'eau froide et porter à ébullition. Ajouter un peu de sel, baisser le feu à modéré et cuire environ 20 minutes jusqu'à tendreté.

Réduire en purée au pilon, ajouter la margarine et le bouillon de poulet. Saler et poivrer au goût.

Sauté de tofu aux champignons

Une recette très goûteuse et économique :
une belle façon de servir le tofu.

1 paquet (454 g/1 lb) de tofu mi-ferme, égoutté et coupé en cubes de 2,5 cm (1 po)

2 ml (½ c. à thé) du mélange cinq épices chinoises moulu

15 ml (1 c. à soupe) de fécule de tapioca

125 ml (½ tasse) de bouillon de poulet ou de légumes

125 ml (½ tasse) d'eau

30 ml (2 c. à soupe) de sauce de poisson

15 ml (1 c. à soupe) de sauce soja sans gluten

5 ml (1 c. à thé) de sucanat

30 ml (2 c. à soupe) d'huile végétale

3 gousses d'ail en fines tranches

1 ml (¼ c. à thé) de flocons de piment fort (facultatif)

250 g (8 oz) de bok choy tranchés

250 g (8 oz) de champignons shiitake ou autres coupés en 2

Mélanger les cubes de tofu et le mélange cinq-épices chinoises. Réserver.

Dans un bol, avec un fouet, mélanger la fécule de tapioca, le bouillon, l'eau, la sauce de poisson, la sauce soja et le sucanat. Réserver.

Dans un wok, chauffer la moitié de l'huile, ajouter le tofu et cuire jusqu'à ce qu'il soit doré. Réserver dans une assiette.

Dans le wok, chauffer le reste de l'huile, ajouter l'ail et les flocons de piment en remuant quelques secondes.

Ajouter le bok choy bien asséché et les champignons et poursuivre la cuisson 3-4 minutes.

Ajouter le tofu et le mélange de bouillon et porter à ébullition.

Réduire le feu, couvrir et laisser mijoter jusqu'à ce que la sauce ait épaissi et que les légumes aient ramolli (environ 3-4 minutes).

Suggestion
Un bol de riz complétera ce plat très coloré.

Pâtes

Pâtes à la sicilienne

Pour 4 personnes

1 poivron rouge

1 aubergine moyenne (750 ml [environ 3 tasses])

1 boîte de tomates italiennes San Marzano de qualité supérieure de 796 ml (28 oz)

60 ml (4 c. à soupe) d'huile d'olive extra-vierge pressée à froid

2 gousses d'ail écrasées

10 grosses olives vertes dénoyautées et coupées en gros morceaux

15 ml (1 c. à soupe) de câpres rincées et égouttées

3 filets d'anchois rincés à l'eau chaude et coupés finement

4 branches de thym frais

Sel et poivre

340 g (12 oz) de pâtes sans gluten au choix

Préchauffer le four à 220 °C (425 °F).

Couper le poivron en 2, l'épépiner, l'enduire d'huile d'olive et le déposer sur une tôle à biscuits tapissée de papier parchemin. Cuire au four pendant environ 30 minutes jusqu'à ce que la peau noircisse. Une fois cuit, le déposer dans un bol, couvrir et attendre qu'il tiédisse. La peau s'enlèvera facilement.

Couper le poivron en gros dés.

Couper l'aubergine en gros dés.

Égoutter les tomates et les couper grossièrement.

Dans une casserole pouvant contenir la sauce et les pâtes, faire chauffer doucement l'huile d'olive et l'ail. L'huile doit être parfumée. Retirer l'ail.

Ajouter l'aubergine et faire dorer doucement 10 minutes en tournant sans arrêt.

Ajouter les tomates, les poivrons, les olives, les câpres, les anchois et les fines herbes. Saler et poivrer.

Remuer et porter à ébullition. Baisser le feu, couvrir la casserole et laisser mijoter doucement une dizaine de minutes. Brasser régulièrement.

Pendant ce temps, cuire les pâtes selon les indications sur l'emballage.

Lorsque les pâtes sont cuites, les ajouter à la sauce. Mélanger et laisser infuser 1 minute. Servir immédiatement.

Suggestion
On peut ajouter un trait d'huile d'olive extra-vierge sur les pâtes au service.

Pâtes aux légumes crus

Pour 4 personnes

125 ml (½ tasse) d'huile d'olive
extra-vierge pressée à froid

250 ml (1 tasse) de champignons
en tranches

340 g (12 oz) de spaghetti
ou penne sans gluten

250 ml (1 tasse) de tomates cerises
coupées en 2

1 gousse d'ail finement hachée

10 ml (2 c. à thé) d'échalotes
françaises hachées finement

30 ml (2 c. à soupe) de basilic
frais ciselé

30 ml (2 c. à soupe) de persil
plat ciselé

Sel

1 courgette verte (la moitié coupée
en rubans, l'autre moitié râpée)

500 ml (2 tasses) de roquette

Dans une poêle, faire chauffer un peu d'huile d'olive, ajouter les champignons et les laisser rôtir quelques minutes. Réserver.

Cuire les pâtes dans une grande casserole d'eau bouillante salée selon les indications sur l'emballage. Elles doivent être al dente.

Pendant ce temps, dans un grand saladier pouvant contenir les légumes et les pâtes, mettre les tomates cerises, l'ail, l'échalote, l'huile d'olive, le basilic, le persil et le sel. Laisser infuser quelques minutes. Ajouter la courgette, la roquette et les champignons.

Aussitôt que les pâtes sont cuites, les ajouter au mélange de légumes et bien mélanger. Ajouter un peu d'huile d'olive si nécessaire et corriger l'assaisonnement.

À la préparation de légumes, on peut ajouter au goût 2 à 3 c. à soupe (30 à 45 ml) de câpres ou quelques filets d'anchois.

Choisir une très bonne qualité d'huile d'olive extra-vierge pour cette recette, les pâtes en seront meilleures.

Pâtes aux anchois, câpres et olives vertes

Pour 4 personnes

60 ml (4 c. à soupe) d'huile d'olive extra-vierge pressée à froid

4 filets d'anchois rincés à l'eau chaude et hachés

4 gousses d'ail hachées finement

125 ml (½ tasse) de vin blanc

1 boîte de tomates italiennes San Marzano de 796 ml (28 oz)

1 ml (¼ c. à thé) de flocons de piment séché

125 ml (½ tasse) d'olives vertes dénoyautées et en gros morceaux

45 ml (3 c. à soupe) de câpres égouttées, rincées et hachées

340 g (12 oz) de spaghetti sans gluten

80 ml (⅓ tasse) de persil plat haché

80 ml (⅓ tasse) de basilic frais ciselé au goût

Dans une grande poêle ou casserole pouvant contenir la sauce et les pâtes, ajouter l'huile d'olive, les anchois et l'ail. Faire chauffer à feu modéré-doux pendant 2 minutes jusqu'à ce que l'ail soit légèrement doré.

Ajouter le vin blanc, porter à ébullition et réduire de moitié.

Ajouter les tomates, le piment séché, les olives et les câpres, bien mélanger et laisser mijoter à feu modéré environ 20 minutes jusqu'à ce que la sauce commence à épaissir.

Cuire les pâtes al dente selon les indications sur l'emballage. Une fois cuites, les égoutter et les mélanger avec la sauce. Laisser infuser 1 à 2 minutes sur feu très doux afin que les pâtes absorbent la sauce. Ajouter le persil et le basilic, mélanger et servir.

Choisir une très bonne qualité de tomates San Marzano en conserve, la sauce en sera meilleure.

Spaghetti sauce tomate et moules

Délicieuse façon de manger des pâtes. Le safran ajoute une saveur exotique à ce plat si facile à préparer.

Pour 4 personnes

¼ c. à thé (2 ml) de safran

30 ml (2 c. à soupe) d'eau ou de vin blanc

1 kg (2 lb) de moules

60 ml (¼ tasse) d'huile d'olive extra-vierge pressée à froid

2 gousses d'ail finement hachées

1 boîte de tomates italiennes de 398 ml (14 oz)

180 ml (¾ tasse) de vin blanc

1 ml (¼ c. à thé) de flocons de piment séché

Sel et poivre du moulin

340 g (12 oz) de spaghetti sans gluten

60 ml (¼ tasse) de persil plat haché

15 ml (1 c. à soupe) de zeste de citron biologique

Faire tremper la pincée de safran dans 30 ml (2 c. à soupe) d'eau ou de vin blanc pendant 30 minutes avant de mélanger aux tomates afin d'en libérer toute la saveur.

Laver les moules à grande eau. Jeter les moules qui sont restées ouvertes. Réserver au réfrigérateur.

Dans une grande casserole, sur feu modéré, faire chauffer l'huile d'olive. Ajouter l'ail et cuire 2 à 3 minutes.

Ajouter les tomates et le safran et son liquide de trempage. Laisser mijoter doucement 5 à 7 minutes. Réserver au chaud.

Mettre les moules dans une grande casserole, ajouter le vin blanc, couvrir et cuire à feu vif de 5 à 7 minutes. Lorsque la vapeur s'échappe, remuer la casserole de temps en temps afin de permettre à toutes les moules de s'ouvrir. Aussitôt qu'elles sont ouvertes, les retirer de la casserole avec une cuillère trouée, déposer dans un grand saladier et réserver au chaud. Jeter les moules qui sont restées fermées.

Filtrer le jus de cuisson des moules et l'ajouter à la sauce tomates. Ajouter les flocons de piment séché. Saler et poivrer. Laisser mijoter 2 minutes.

Pendant ce temps, amener une grande casserole d'eau à ébullition, saler et cuire les pâtes al dente selon les indications sur l'emballage.

Mélanger la moitié de la sauce aux pâtes et laisser infuser 1 minute.

Répartir les pâtes dans quatre assiettes creuses chaudes, déposer les moules sur le dessus et verser le reste de la sauce sur les moules.

Parsemer de persil et de zeste de citron.

Pâtes aux tomates et courgettes

7 c. à soupe (105 ml) d'huile d'olive extra-vierge pressée à froid

30 ml (2 c. à soupe) de romarin frais haché

1 à 2 pincées de flocons de piment séché

6 gousses d'ail finement émincées

1 boîte de tomates italiennes San Marzano écrasées de 796 ml (28 oz)

250 g (½ lb) de courgettes non pelées finement émincées

Sel

2 ml (½ c. à thé) d'origan séché ou fines herbes italiennes séchées

340 g (12 oz) de pâtes sans gluten (penne, spaghetti ou autres)

Dans une grande poêle ou casserole assez grande pour contenir la sauce et les pâtes, faire chauffer 5 c. à soupe d'huile d'olive (75 ml). Ajouter le romarin, le piment séché et l'ail. Faire revenir 2 à 3 minutes sur feu modéré jusqu'à ce que l'ail soit doré.

Ajouter la boîte de tomates écrasées et un peu de sel. Bien mélanger et laisser mijoter à découvert pendant 20 minutes.

Couper les courgettes en deux dans le sens de la longueur et émincer finement.

Faire chauffer 2 c. à soupe d'huile d'olive (30 ml) dans une poêle. Lorsque l'huile est chaude, ajouter les courgettes et les faire sauter pendant 3 à 5 minutes pour qu'elles soient dorées.

Égoutter les courgettes dans une passoire, saler et ajouter l'origan ou les fines herbes italiennes séchées. Bien mélanger et réserver.

Cuire les pâtes selon l'indication sur l'emballage.

Verser les pâtes égouttées dans la sauce et mélanger. Ajouter les courgettes et remuer. Couvrir la poêle et laisser infuser de 1 à 2 minutes sur feu doux. Servir aussitôt dans des assiettes chaudes.

Salades

Pilaf de lentilles en salade

Facile, économique et nutritive, voici une recette qui saura plaire.

<u>Pour 4 personnes</u>

250 ml (1 tasse) de lentilles vertes sèches

375 ml (1 ½ tasse) de bouillon de poulet

125 ml (½ tasse) d'oignon rouge haché

30 ml (2 c. à soupe) d'huile d'olive extra-vierge pressée à froid

30 ml (2 c. à soupe) de jus de citron

1 pincée de piment broyé

Sel et poivre

125 ml (½ tasse) de poivron rouge en petits dés

125 ml (½ tasse) de coriandre ou persil plat haché

Dans une casserole, mettre les lentilles et le bouillon, chauffer jusqu'à ébullition, réduire à feu doux et cuire 25 à 30 minutes. Les grains seront cuits mais fermes.

Retirer du feu et ajouter l'oignon haché. Refroidir dans un saladier.

Pour la vinaigrette, fouetter l'huile, le jus de citron, le piment broyé et les assaisonnements.

Verser sur les lentilles, ajouter le poivron rouge et la coriandre.

Servir cette salade de lentilles avec un poisson cuit à la vapeur.

Doubler la recette pour le lunch du lendemain. Servir avec des viandes froides.

Salade de chou exotique

1 l (4 tasses) de chou
chinois émincé

Ciboulette et persil plat émincés

Oignons verts

Vinaigrette

45 ml (3 c. à soupe) d'huile
végétale neutre

15 ml (1 c. à soupe) d'huile
de sésame

30 ml (2 c. à soupe) de vinaigre
de riz

15 ml (1 c. à soupe) de moutarde
à l'ancienne

Ciboulette ou coriandre hachée

Sel et poivre

Fouetter tous les ingrédients de la vinaigrette dans un bol.

Dans un saladier, mélanger le chou, la ciboulette et les oignons.

Ajouter la vinaigrette et bien mélanger.

Laisser reposer au réfrigérateur au moins 30 minutes.

Salade orient-express aux germes de soja

Pour 4 personnes

2 blancs de poulet fermier

200 g (8 oz) de germes de soja

½ concombre

2 œufs

Sel et poivre

8 crevettes cuites décortiquées

Vinaigrette

30 ml (2 c. à soupe) d'huile de sésame ou d'huile de canola biologique (voir p. 339)

30 ml (2 c. à soupe) de vinaigre

15 ml (1 c. à soupe) de sauce soja sans gluten

10 ml (2 c. à thé) de moutarde douce

10 ml (2 c. à thé) de sucanat

Saler et poivrer les blancs de poulet, cuire à la vapeur environ 20 minutes (selon la grosseur).

Refroidir, détailler en lanières.

Ébouillanter les germes de soja 1 minute, égoutter et refroidir sous l'eau aussitôt.

Réserver sur une feuille de papier absorbant pour bien assécher.

Peler et épépiner le concombre, le couper en bâtonnets.

Battre les œufs en omelette, saler, poivrer. Dans une poêle, chauffer sur feu moyen-doux 5 ml (1 c. à thé) d'huile, verser les œufs et cuire en une fine omelette baveuse. Glisser sur une planche, rouler et couper en fines lanières.

Avec un fouet, émulsionner le reste de l'huile, le vinaigre, la sauce soja, la moutarde et le sucanat.

Dans un bol, mélanger les lanières de poulet, le concombre, les crevettes, l'omelette et les germes de soja. Verser la vinaigrette, mélanger et servir.

Suggestion
Acheter le germe de soja en petite quantité, car il est très fragile et ne se conserve pas plus de 48 h au réfrigérateur. Après, il s'oxyde et perd de son croquant.

Salade de chou kale

On l'appelle aussi chou frisé. Le kale est la variété de chou la plus proche des origines génétiques du chou sauvage. Ses qualités nutritionnelles en font un aliment de grande qualité.

Pour 4 personnes

½ botte de chou kale

15 ml (1 c. à soupe) d'huile

1 ml (¼ c. à thé) de sel de mer

2 carottes râpées

Graines germées (sarrasin, tournesol, fèves de soja, etc.)

Vinaigrette

30 ml (2 c. à soupe) d'huile d'olive extra-vierge pressée à froid

15 ml (1 c. à soupe) de vinaigre de cidre cru (non pasteurisé)

5 ml (1 c. à thé) de gingembre râpé

Paprika au goût

Sel et poivre

Laver et essorer les feuilles de kale. Retirer la nervure centrale et déchirer les feuilles en petits morceaux.

Mettre le chou, l'huile et le sel dans un grand bol et frotter les feuilles avec les mains afin de les assouplir.

Laisser reposer une dizaine de minutes.

Ajouter les carottes et les graines germées.

Mêler les ingrédients de la vinaigrette et l'ajouter au chou.

Cette salade ne perd pas son tonus, donc elle se prépare quelques heures avant le repas ou pour un lunch à l'extérieur.

Salade de poulet style Waldorf

Voici un repas simple pour utiliser les restes de poulet.
Il nous rappelle la célèbre salade Waldorf que nous avons
connue durant notre enfance.

Pour 4 à 6 personnes

2 branches de céleri émincées incluant les feuilles

2 pommes sucrées épépinées et tranchées

100 g (3,5 oz) de noix de Grenoble rôties

30 ml (2 c. à soupe) de persil haché

500 ml (2 tasses) de poulet cuit en cubes ou en lanières

Verdures au choix

Sauce

15 ml (1 c. à soupe) de moutarde à l'ancienne

30 ml (2 c. à soupe) de vinaigre de cidre

125 ml (½ tasse) d'huile de noix ou d'olive extra-vierge pressée à froid

Sel de mer, poivre fraîchement moulu

Dans un saladier, mélanger le céleri,
les pommes, les noix, le persil et le poulet.

Fouetter ensemble les ingrédients de la sauce.
Assaisonner et verser sur la salade.

Au moment de servir, tapisser les assiettes
de verdures au choix et répartir le mélange
de poulet.

Salade de riz et légumes

Pour 4 personnes

500 ml (2 tasses) de riz cuit froid

**½ paquet d'épinards
(bébés épinards de préférence)**

½ paquet de fèves germées

**250 ml (1 tasse) de champignons
(votre variété préférée)**

250 ml (1 tasse) de poivron vert

3 branches de céleri

180 ml (¾ tasse) de raisins secs

**250 ml (1 tasse) de noix (amandes,
noix de cajou ou autres)**

Vinaigrette

**125 ml (½ tasse) d'huile d'olive
extra-vierge pressée à froid**

1 gousse d'ail pressée

**1 ml (¼ c. à thé) de moutarde
à l'ancienne**

15 ml (1 c. à soupe) de jus de citron

Sel et poivre

Dans un grand saladier, mélanger tous les ingrédients de la salade.

Dans un bol, fouetter ensemble les ingrédients de la vinaigrette.

Verser la vinaigrette sur la salade et laisser mariner au moins 1 h avant de servir.

Salade de riz brun aux noisettes

Pour 4 personnes

250 ml (1 tasse) de riz brun

1 l (4 tasses) d'eau salée

30 ml (2 c. à soupe) d'huile d'olive extra-vierge pressée à froid

1 oignon moyen émincé

1 gousse d'ail

250 g (8 oz) de champignons blancs tranchés

125 ml (½ tasse) de noisettes grillées hachées

Sel, poivre

Coriandre ou persil au goût

Rincer le riz et le cuire dans l'eau bouillante salée 35 à 40 minutes. Filtrer l'eau et réserver le riz dans un saladier.

Dans une poêle, chauffer à feu modéré l'huile d'olive, faire revenir l'oignon et l'ail.

Ajouter les champignons jusqu'à ce qu'ils soient colorés.

Ajouter au riz, bien mélanger et ajouter les noisettes.

Servir avec une vinaigrette au choix.

Salade de sarrasin germé

Pour 4 personnes

**375 ml (1 ½ tasse)
de sarrasin germé**

**500 ml (2 tasses) de persil haché
grossièrement**

**250 ml (1 tasse) de poivron
rouge coupé en petits dés**

½ oignon rouge moyen

**125 ml (½ tasse) de concombre
coupé en dés**

**60 ml (¼ tasse) de menthe
fraîche hachée**

Sel, poivre

Vinaigrette

**125 ml (½ tasse) d'huile d'olive
extra-vierge pressée à froid**

**45 ml (3 c. à soupe)
de jus de citron frais**

1 gousse d'ail hachée

5 ml (1 c. à thé) de cumin

5 ml (1 c. à thé) de curcuma

**60 ml (¼ de tasse) de coriandre
ou menthe**

Sel, poivre

Verser tous les ingrédients de la vinaigrette dans un contenant et fouetter.

Dans un bol, mélanger les autres ingrédients, ajouter la vinaigrette.

On peut remplacer le sarrasin par d'autres grains germés.

Salade thaï au bœuf

La cuisine thaïlandaise nous offre une belle diversité de produits santé et d'assaisonnements que nous découvrons et apprécions dans notre cuisine. Cette salade est idéale pour utiliser les restes d'un rôti de bœuf.

Pour 4 personnes

1 l (4 tasses) de chou de Savoie ou nappa émincé

1 petit concombre tranché finement en diagonale

1 carotte grossièrement râpée

250 ml (1 tasse) de germes de soja

80 ml (⅓ tasse) de feuilles de menthe déchiquetées

80 ml (⅓ tasse) d'oignons rouges tranchés finement

Restes de rôti de bœuf coupés en tranches minces

30 ml (2 c. à soupe) d'arachides grillées (facultatif)

Vinaigrette

45 ml (3 c. à soupe) de jus de lime

45 ml (3 c. à soupe) d'huile végétale

15 ml (1 c. à soupe) d'huile de sésame

15 ml (1 c. à soupe) de sauce de poisson

10 ml (2 c. à thé) de sucanat

15 ml (1 c. à soupe) de gingembre émincé

1 petit piment rouge fort émincé ou quelques flocons séchés

1 ml (¼ c. à thé) de sel

Mélanger les ingrédients, sauf les arachides.

Ajouter la vinaigrette et les arachides au moment de servir.

Fouetter ensemble les ingrédients de la vinaigrette et réserver.

Suggestion
Cette recette très rafraîchissante est aussi délicieuse avec du poulet ou des crevettes.

Desserts et petites douceurs

Les farines sans gluten pour les desserts

La difficulté avec les farines sans gluten est de retrouver le bon goût des pâtisseries de notre enfance. C'est possible, mais il ne faut pas s'attendre à avoir la même texture. Le gluten est responsable de faire lever la pâte et de lui donner son élasticité, alors il faut trouver les farines sans gluten qui donneront des propriétés qui s'en rapprochent le plus. Il y a maintenant un grand choix de produits sur le marché.

▸ On trouve les farines sans gluten préparées, donc prêtes à être utilisées*.

▸ On trouve un choix de farines qui répondent aux goûts de chacun.

Il est possible de préparer des mélanges qui correspondent aux différents goûts, aux intolérances à certains grains entiers et d'utiliser les farines du garde-manger. **Il n'y a pas qu'un seul bon mélange de farines, mais plusieurs.**

Le but de cette introduction est de donner une méthode facile pour réussir les mélanges de différentes farines pour recettes sans gluten.

Le premier livre de recettes définissait les caractéristiques et expliquait le rôle de chacune des farines sans gluten sur le marché. Voici un rappel des principales farines que l'on trouve facilement sur le marché :

Farines provenant de céréales ou de pseudo-céréales : riz brun, riz blanc**, sarrasin, millet, quinoa, sorgho, amarante et teff
Farines de légumineuses : lentille, haricot et pois chiche
Farines de noix (poudre) : amande, noisette et noix de coco***
Fécules : pomme de terre, tapioca et arrow-root

Les meilleurs résultats proviennent d'un mélange de 3 ou 4 farines :

De 50 à 70 % de farines de céréales, de fèves ou de noix****
De 30 à 50 % de fécules au choix****

Exemple 1 :

250 ml (1 tasse) de farine de riz
250 ml (1 tasse) de fécule de tapioca
250 ml (1 tasse) de farine de quinoa

Exemple 2 :

250 ml (1 tasse) de farine de riz blanc
250 ml (1 tasse) de fécule de pomme de terre
125 ml (½ tasse) de farine d'amande
125 ml (½ tasse) de farine de sorgho ou de riz brun

La gomme de xanthane ou de guar sert de liant et de stabilisant pour les farines sans gluten. Suivre les instructions de la compagnie avant de l'ajouter aux recettes.

Utilisez une balance pour plus de facilité et travailler en onces ou en grammes. Lorsque vous avez trouvé votre mélange préféré, préparez une grande quantité.

* Vérifier si la gomme de xanthane ou de guar fait partie du mélange.

** La farine de riz blanc peut remplir deux fonctions : farine de céréales et fécule.

*** La farine de coco absorbe environ 25 % plus de liquide. Il faut ajuster les recettes si on l'utilise.

**** De façon générale, il est préférable de ne pas dépasser 33 % de tapioca dans les recettes sauf lorsque précisé. L'arrow-root est plus facile à utiliser de ce point de vue.

Flan au sirop d'érable

Pour 6 personnes

500 ml (2 tasses) de lait d'amande

80 ml (⅓ tasse) de sirop d'érable

3 œufs légèrement battus

Préchauffer le four à 180 °C (350 °F).

Dans une casserole, chauffer le lait sans faire bouillir.

Dans un bol, fouetter les œufs, ajouter le sirop d'érable et le lait chaud en fouettant.

Verser dans les ramequins.

Déposer les ramequins dans une lèchefrite recouverte d'un linge. Ajouter de l'eau chaude jusqu'à la moitié des ramequins. Cuire 30 à 40 minutes ou jusqu'à ce qu'une lame de couteau en ressorte propre.

Retirer du four et de l'eau. Laisser tiédir et réfrigérer au moins 2 h avant de servir.

Gâteau au chocolat et clémentines

Pour 8 à 10 personnes

80 ml (⅓ tasse) de farine de riz brun

80 ml (⅓ tasse) de fécule de tapioca

80 ml (⅓ tasse) de fécule de pomme de terre

5 ml (1 c. à thé) de gomme de guar ou de xanthane

2 ml (½ c. à thé) de poudre à pâte

2 ml (½ c. à thé) de bicarbonate de soude

1 ml (¼ c. à thé) de sel

125 ml (½ tasse) de sucanat en poudre

120 g (4 oz) de chocolat 70 % haché grossièrement

125 ml (½ tasse) de margarine

250 ml (1 tasse) de clémentines finement hachées

2 gros œufs

5 ml (1 c. à thé) de vanille

Préchauffer le four à 180 °C (350 °F)

Graisser un moule à gâteau de 20 cm (8 po) de diamètre et 5 cm (2 po) de hauteur. Couvrir le fond de papier parchemin et le graisser.

Dans une terrine moyenne, mélanger la farine, la gomme de de guar ou de xanthane, la poudre à pâte, le bicarbonate de soude et le sel.

Dans un bain-marie, faire fondre le chocolat et la margarine en remuant jusqu'à ce que le tout soit lisse et homogène. Retirer du feu et ajouter les clémentines.

Dans un bol, fouetter les œufs et le sucanat au batteur électrique jusqu'à ce que le mélange devienne pâle et léger. Ajouter la vanille.

Incorporer délicatement en trois fois le mélange de farine au mélange d'œufs. Ajouter délicatement la préparation au chocolat et remuer jusqu'à ce que le mélange soit bien humecté.

Verser la pâte dans le moule à gâteau et cuire au four pendant 45 à 50 minutes, jusqu'à ce qu'une tige insérée au centre du gâteau en ressorte propre.

Laisser reposer 5 minutes sur une grille et démouler.

Glaçage

30 ml (2 c. à soupe) de sucanat en poudre

120 g (4 oz) de chocolat 70 %

30 ml (2 c. à soupe) de margarine

30 ml (2 c. à soupe) de concentré de jus d'orange

Faire fondre le chocolat et le sucanat dans un bain-marie en remuant continuellement. Retirer du feu, ajouter la margarine et battre jusqu'à l'obtention d'une texture lisse. Ajouter le jus d'orange et bien mélanger le tout.

Étendre le glaçage sur le dessus et les côtés du gâteau.

Gâteau Boston au lait de coco

Pour 8 à 10 personnes

1 recette de génoise à la vanille
(voir p. 148)

Crème pâtissière

**1 boîte de lait de coco
de 398 ml (14 oz)**

1 ml (¼ c. à thé) de vanille

1 pincée de sel

**75 ml (5 c. à soupe) de fécule
de tapioca**

**45 ml (3 c. à soupe) de sirop
d'érable**

3 gros œufs + 1 jaune d'œuf

Glaçage

120 g (4 oz) de chocolat noir 70 %

**30 ml (2 c. à soupe) de sirop
d'érable**

**30 ml (2 c. à soupe) de margarine
ou de ghee**

**30 ml (2 c. à soupe) de café
espresso**

Noix de coco râpée en garniture

Cuire la génoise.

Crème pâtissière

Dans une petite casserole, faire chauffer à feu modéré le lait de noix de coco, la vanille et le sel.

Dans un bol, avec un fouet, mélanger la fécule de tapioca, le sirop d'érable et les œufs.

Aussitôt que le lait est chaud, l'ajouter d'un seul trait au mélange fécule, sirop et œufs et brasser vivement pour bien mélanger.

Remettre la préparation dans la casserole et cuire sur feu modéré en brassant continuellement avec un fouet jusqu'à ce que le mélange épaississe, plus ou moins 8-10 minutes. Laisser bouillir 10 secondes.

Transvider la crème pâtissière dans un bol. Pour empêcher qu'une croûte ne se forme, on peut mettre une pellicule de plastique sur le bol. Refroidir.

Glaçage

Faire fondre le chocolat dans un bain-marie en remuant continuellement. Ajouter le sirop d'érable et la margarine ou le ghee. Battre jusqu'à l'obtention d'une texture lisse. Ajouter le café espresso et bien mélanger le tout.

Assemblage du gâteau

Sur une planche à découper, couper le gâteau en trois tranches d'égale épaisseur.

Placer le côté croûté (bombé) du gâteau sur une assiette. Répartir la moitié de la crème pâtissière en partant du centre. Recouvrir avec la deuxième tranche de gâteau. Étendre le reste de la crème pâtissière. Recouvrir avec la dernière tranche de gâteau. Conserver le gâteau au réfrigérateur.

Sortir le gâteau du réfrigérateur et étendre le glaçage sur le dessus et les côtés et garnir de noix de coco râpé.

Servir avec un coulis de framboises.

Gâteau aux fruits

Pour 8 à 10 personnes

250 ml (1 tasse) de dattes
dénoyautées coupées en 4

250 ml (1 tasse) de cerises
séchées coupées en 2

125 ml (½ tasse) d'écorces
d'orange ou de citron séchées

250 ml (1 tasse) d'amandes
mondées en morceaux

250 ml (1 tasse) de noix
de Grenoble en morceaux

180 ml (¾ tasse) de farine
sans gluten

5 ml (1 c. à thé) de poudre à pâte

5 ml (1 c. à thé) de gomme
de guar ou de xanthane

2 ml (½ c. à thé) de sel

3 œufs

80 ml (⅓ tasse) de sucanat

15 ml (1 c. à soupe) de vanille
ou de rhum

Préchauffer le four à 160 °C (325 °F).

Tapisser un moule à pain d'environ 22,5 × 12,5 cm
(9 × 5 po) avec du papier parchemin.

Dans un grand bol, mêler les fruits et les noix.

Mélanger la farine, la poudre à pâte, la gomme
de guar ou de xanthane et le sel.

Ajouter les ingrédients secs au mélange de fruits.
Mélanger le tout avec les mains.

Battre les œufs et le sucanat à grande vitesse
environ 5 minutes. Ajouter l'essence choisie.

Verser sur le mélange de fruits et bien mélanger.

Verser la préparation dans le moule et presser
fermement avec le dos d'une cuillère.

Cuire au milieu du four, 45 à 60 minutes ou jusqu'à
ce que le centre du gâteau soit ferme au toucher.

Refroidir sur une grille.

Envelopper de papier d'aluminium et ranger
au réfrigérateur.

Génoise à la vanille

Pour 8 à 10 personnes

75 ml (5 c. à soupe) d'huile de pépins de raisin ou de margarine fondue ou de ghee

90 ml (¼ tasse + 2 c. à soupe) de farine de riz blanc

60 ml (¼ tasse) de fécule de tapioca

60 ml (¼ tasse) de fécule de pomme de terre

5 ml (1 c. à thé) de gomme de guar ou de xanthane

140 ml (½ tasse + 1 c. à soupe) de sucanat en poudre

4 gros œufs

5 ml (1 c. à thé) de vanille

Glaçage

100 g (3,5 oz) de chocolat 70 %

30 ml (2 c. à soupe) de sucanat en poudre

30 ml (2 c. à soupe) de margarine

30 ml (2 c. à soupe) de crème végétale

Préchauffer le four à 180 °C (350 °F).

Graisser un moule à gâteau de 20 cm (8 po) de diamètre et 5 cm (2 po) de hauteur. Couvrir le fond de papier parchemin et le graisser.

Si on utilise de la margarine, la faire fondre et réserver.

Mélanger les farines et la gomme de guar ou de xanthane.

Au batteur électrique préférablement sur socle, battre les œufs et le sucanat à vitesse rapide jusqu'à ce que le mélange devienne pâle et léger, environ 10 minutes. Ajouter la vanille.

Incorporer en trois fois le mélange de farine aux œufs en soulevant et repliant délicatement la pâte sur elle-même.

Répandre l'huile de pépins de raisin ou la margarine fondue, qui doit être à peine tiède, sur la pâte et mélanger délicatement avec une spatule, la faisant pénétrer à mi-épaisseur.

Déposer délicatement la pâte dans le moule graissé et cuire la génoise pendant 24 minutes environ, sans ouvrir le four pendant les 20 premières minutes de cuisson.

Sitôt cuite, retirer la génoise du four et la démouler.

Glaçage

Faire fondre le chocolat et le sucanat dans un bain-marie en remuant continuellement. Retirer du feu, ajouter la margarine et battre jusqu'à l'obtention d'une texture lisse. Ajouter la crème végétale et bien mélanger.

Suggestions

La génoise peut se manger telle quelle avec un glaçage au chocolat (recette ci-dessus), un confit de pommes ou un coulis de petits fruits.

Pour une génoise au chocolat, remplacer 65 ml (¼ tasse) de farines mélangées sans gluten par de la poudre de cacao.

Glace à la noix de coco et à la lime

**500 ml (2 tasses) de lait de coco
(1 boîte de lait de coco
+ lait d'amande)**

125 ml (½ tasse) de sucanat

**125 ml (½ tasse)
de noix de coco râpée**

Zeste d'une lime

2 jaunes d'œufs

Chauffer le liquide sans faire bouillir.

Pendant ce temps, mélanger avec le fouet le sucanat, la noix de coco râpée, le zeste de lime et les jaunes d'œufs jusqu'à ce que le mélange soit jaune clair et mousseux.

Verser petit à petit le lait de coco sur la préparation d'œufs et remettre à chauffer sur un feu doux, sans cesser de remuer avec la cuillère de bois. Quand la crème épaissit, la retirer du feu et la laisser refroidir quelques heures couverte d'une pellicule plastique.

Avec sorbetière

Verser dans la sorbetière électrique et turbiner jusqu'à consistance voulue.

Sans sorbetière

Congeler la préparation jusqu'au début de la cristallisation. Verser dans un bol, briser les cristaux avec une fourchette et fouetter quelques minutes. Vous pouvez utiliser le robot. Remettre au congélateur et répéter cette opération une autre fois. Vous aurez ainsi une glace plus fine.

Sortir du congélateur au moins 30 minutes avant de servir.

Pots de crème au chocolat noir

225 ml (¾ tasse + 3 c. à soupe) de lait d'amande

150 g (5 oz) de chocolat 70 %

3 gros œufs battus

Chauffer le lait d'amande.

Faire fondre le chocolat au bain-marie et mettre dans le mélangeur.

Ajouter les œufs battus en trois fois et mélanger entre chaque ajout.

Ajouter doucement le lait d'amande chaud à la préparation et bien mélanger.

Remplir 8 petits ramequins et réfrigérer au moins 2 h avant de servir.

Servir tel quel ou avec un coulis de petits fruits.

Remplacer 15 à 30 ml (1 à 2 c. à soupe) de lait d'amande par du rhum brun, du Grand Marnier ou une autre liqueur.

Panna cotta au lait de coco et son confit de pommes

En Italie, ce dessert est très populaire.
Il est rafraîchissant et très facile à faire.

Pour 4 personnes

15 ml (1 c. à soupe) de gélatine

60 ml (¼ tasse) d'eau froide

1 boîte de lait de coco de 398 ml (14 oz)

180 ml (¾ tasse) de lait végétal au choix

30 ml (2 c. à soupe) de miel clair

1 gousse ou 5 ml (1 c. à thé) de vanille*

Confit de pommes

350 g (4 tasses) de pommes Cortland non pelées, sans le cœur, coupées en quartier

45 ml (3 c. à soupe) d'eau

30 ml (⅛ tasse) de sirop d'érable

Dans un bol, saupoudrer la gélatine sur l'eau et laisser gonfler.

Dans une casserole, sur un feu doux, chauffer les laits et le miel tout en brassant.

Ajouter la gélatine et bien dissoudre. Ajouter la vanille.

Verser dans 4 verrines ou ramequins et laisser refroidir environ 4 h au réfrigérateur.

Servir avec un confit de pommes. On peut aussi servir avec une compote de fruits : bleuets, fraises, etc.

Confit de pommes

Mélanger les ingrédients et amener à ébullition.

Baisser le feu et laisser mijoter doucement pendant environ 10 minutes.

* Vous pouvez remplacer la vanille par du rhum et servir avec des petits fruits.

Riz au lait de coco

Pour 4 personnes

500 ml (2 tasses) de lait d'amande ou de soja

60 ml (¼ tasse) de riz Arborio (à grains ronds)

60 ml (¼ tasse) de sucanat en poudre

10 ml (2 c. à thé) de fécule de tapioca

125 ml (½ tasse) de lait de coco

5 ml (1 c. à thé) de vanille

Dans une casserole, chauffer le lait et le riz jusqu'au point d'ébullition.

Couvrir et laisser mijoter à feu doux pendant 30 minutes.

Avec un fouet, mélanger le sucanat et la fécule, ajouter le lait de coco et verser lentement dans le lait chaud.

Laisser mijoter de nouveau 1 minute en remuant. Ajouter la vanille.

Verser dans 4 bols individuels. Refroidir complètement avant de servir.

Suggestion
On peut ajouter 125 ml (½ tasse) de raisins secs ou de noix de coco râpée.

Torte aux noix de Grenoble

Pour 8 à 10 personnes

160 g (5,5 oz) de noix de Grenoble

2 tranches de pain sans gluten séchées

125 ml (½ tasse) de margarine

80 ml (⅓ tasse) de sucanat en poudre

4 œufs, séparés

3 ml (¾ c. à thé) de cardamome

Zeste d'une orange

Une pincée de sel

Préchauffer le four à 160 °C (325 °F).

Tapisser d'un papier parchemin un moule rond de 23 cm (9 po).

Étendre sur une tôle à pâtisserie les noix et les tranches de pain.

Rôtir dans le four environ 10 minutes ou jusqu'à ce que les noix et le pain soient dorés.

Refroidir, mettre au mélangeur et pulser pour obtenir une chapelure.

Dans un bol, fouetter la margarine tout en ajoutant graduellement 30 ml (2 c. à soupe) de sucanat pour obtenir une préparation légère.

Ajouter les jaunes d'œufs un à la fois. Bien battre entre chaque addition.

Ajouter la chapelure de noix, la cardamome et le zeste d'orange. Réserver.

Dans un bol, fouetter les blancs d'œufs et le sel. Ajouter graduellement le sucanat restant. Les blancs doivent être fermes et lustrés. Mélanger cette préparation délicatement par petites quantités à celle des jaunes d'œufs.

Verser la préparation dans le moule. Cuire environ 40-50 minutes. Refroidir et démouler.

Servir une pointe de la torte avec quelques tranches de fruits.

Biscuits au chocolat

60 ml (¼ tasse) d'huile de noix de coco vierge

30 g (¼ tasse) de poudre de cacao

3 œufs biologiques de préférence

50 g (¼ tasse) de sucanat en poudre

1 ml (¼ c. à thé) de sel de mer gris

1 ml (¼ c. à thé) de vanille

30 g (¼ tasse) de farine de noix de coco tamisée

Préchauffer le four à 175 °C (345 °F).

Dans une casserole à feu doux, faire fondre l'huile de noix de coco et incorporer la poudre de cacao. Retirer du feu et laisser refroidir.

Dans un bol, mélanger les œufs, le sucanat, le sel et la vanille, incorporer le mélange de cacao.

Ajouter la farine de noix de coco et fouetter jusqu'à ce qu'il n'y ait plus de grumeaux.

Laisser reposer la pâte pendant 4 ou 5 minutes pour lui permettre d'épaissir légèrement.

Déposer par cuillérée sur une plaque à pâtisserie tapissée d'un papier parchemin.

Enfourner et cuire pendant 14 minutes.

Biscuits mœlleux aux noix de Grenoble et chocolat

Donne environ 20 biscuits

100 g (3,5 oz) de noix de Grenoble

100 g (3,5 oz) de farine
de pois chiche

80 g (3 oz) de chocolat noir

2 œufs biologiques de préférence

100 g (½ tasse) de sucanat
en poudre

5 ml (1 c. à thé) de vanille

5 ml (1 c. à thé) de bicarbonate
de soude

1 pincée de sel

Préchauffer le four à 180 °C (350 °F).

Réduire les noix de Grenoble en petits grains
dans un robot culinaire.

Verser dans un bol et ajouter la farine de pois
chiche.

Couper le chocolat en petits morceaux et ajouter
dans le bol.

Ajouter les œufs.

Incorporer le sucanat, la vanille, le bicarbonate
de soude et une pincée de sel.

Mélanger le tout avec un fouet pour obtenir
une texture homogène et assez lisse.

À l'aide d'une cuillère à soupe, déposer la pâte
à biscuits sur une plaque à pâtisserie recouverte
d'un papier parchemin.

Enfourner et cuire 10 minutes.

Retirer du four et laisser refroidir.

Sorbet à la mangue et au lait de coco

Une recette rafraîchissante à servir toute l'année.

Pour 4 personnes

180 ml (¾ tasse) de lait de coco

80 ml (⅓ tasse) de sucanat ou de miel clair

500 ml (2 tasses) de mangue coupée en morceaux

Jus de 2 limes

2 ml (½ c. à thé) de gomme de guar si vous désirez le garder au congélateur plus d'une journée

Dans un bol, verser le lait de coco et le sucanat ou le miel.

Mélanger au fouet pour faire fondre le sucanat.

Mettre tous les ingrédients dans le mélangeur et fouetter jusqu'à consistance lisse.

Réfrigérer 2 à 3 h.

Avec sorbetière

Verser dans la sorbetière et turbiner selon les directives du fabricant.

Sans sorbetière

Congeler la préparation jusqu'au début de la cristallisation.

Verser dans le mélangeur ou le robot et fouetter quelques minutes.

Remettre au congélateur et répéter cette opération 1 ou 2 fois. Vous aurez ainsi une glace plus fine.

Vous pouvez doubler cette recette et ajuster la quantité de sucanat au goût.

Sortir du congélateur 30 minutes avant de servir.

Remarque
La gomme de guar est un stabilisant pour les crèmes glacées et les sorbets. Elle empêche la cristallisation au congélateur, mais elle change un peu le goût.

Macarons

Donne environ 18 macarons

90 ml (¼ tasse + 2 c. à soupe) de sucanat ou de sucre de coco

330 ml (1 ⅓ tasse) de poudre d'amande

15 ml (1 c. à soupe) de farine de pois chiche

2 blancs d'œufs

1 pincée de sel

80 ml (⅓ tasse) de sucanat en poudre ou sucre de coco

Préchauffer le four à 180 °C (350 °F).

Mélanger le sucre et la poudre d'amande.

Ajouter la farine de pois chiche.

Battre les blancs d'œufs en neige ferme et ajouter la pincée de sel.

Incorporer les blancs d'œufs battus à la préparation en les mélangeant délicatement à la spatule.

Former de petites boules à l'aide de deux cuillères à soupe et déposer sur une plaque à pâtisserie tapissée d'un papier parchemin.

Enfourner et cuire pendant 15 à 20 minutes.

Pour ceux qui n'ont pas la dent trop sucrée, réduire à 60 ml (¼ tasse) le sucanat ou le sucre de coco.

Mendiants au chocolat noir

Donne environ 30 mendiants

Au choix : Amandes, pistaches, noisettes, raisins secs, petits morceaux d'abricots séchés, noix de coco

60 ml (¼ tasse) de rhum (facultatif)

250 g (8,5 oz) de chocolat à 70 %

Tremper les fruits secs ou les noix dans le rhum ou un peu d'eau pour 20 à 30 minutes. Bien les assécher.

Griller à sec dans la poêle les amandes, noisettes ou pistaches.

Faire fondre le chocolat au bain-marie. Avec la spatule, mélanger à l'occasion.

Foncer une lèchefrite avec un papier parchemin, former une trentaine de pastilles du diamètre d'une cuillère à soupe.

Décorer avec votre choix de garniture (quelques morceaux seulement) et laisser refroidir.

Noix de Grenoble caramélisées

Donne 250 ml (1 tasse)

250 ml (1 tasse) de noix de Grenoble ou autres

45 ml (3 c. à soupe) de sirop d'érable

2 ml (½ c. à thé) de piment d'Espelette

2 ml (½ c. à thé) de sel

Faire tremper les noix dans l'eau pendant 12 h. Bien les assécher.

Préchauffer le four à 180 °C (350 °F).

Dans une poêle de grandeur moyenne, mélanger les noix et le sirop d'érable. Cuire à feu modéré environ 5 à 8 minutes jusqu'à ce que le sirop caramélise et couvre les noix.

Ajouter le piment d'Espelette et le sel.

Étendre les noix sur une tôle à pâtisserie tapissée de papier parchemin.

Mettre au four et cuire pendant 10 minutes.

Petits gâteaux à la noix de coco

Donne environ
6 petits gâteaux

45 ml (3 c. à soupe) de ghee*
(voir p. 173) **ou de margarine
végétale**

3 œufs biologiques de préférence

45 ml (3 c. à soupe) de miel

**1 ml (¼ c. à thé) de sel
de l'Himalaya**

1 ml (¼ c. à thé) de vanille

**40 g (⅓ tasse) de farine
de noix de coco tamisée**

**1 ml (¼ c. à thé) de bicarbonate
de soude**

Crème fouettée
aux blancs d'œufs

3 blancs d'œufs

Une pincée de sel

Deux gouttes de jus de citron

1 ml (¼ c. à thé) de miel

Préchauffer le four à 205 °C (400 °F).

Mélanger ensemble le ghee ou la margarine,
les œufs, le miel, le sel et la vanille.

Mélanger la farine de noix de coco avec le
bicarbonate de soude et fouetter au batteur jusqu'à
ce qu'il n'y ait plus de grumeaux.

Verser la pâte dans les moules à muffins graissés.

Mettre au four et cuire 15 minutes.

Servir avec des fraises fraîches et un peu de crème
fouettée aux blancs d'œufs.

Crème fouettée aux blancs d'œufs

Battre les blancs d'œufs jusqu'à fermeté.

Ajouter une pincée de sel, 2 gouttes de jus de
citron et le miel.

Servir immédiatement avec des fraises en
garniture sur les gâteaux.

Rochers au chocolat

Donne environ 20 rochers

100 g (3,5 oz) de chocolat 70 %

**60 ml (¼ tasse)
d'amandes effilées**

**60 ml (¼ tasse)
de canneberges séchées**

**125 ml (½ tasse) de céréale
de riz croquant émiettée**

Faire fondre le chocolat dans un bain-marie.

Ajouter les amandes, les canneberges et la céréale de riz croquant au chocolat fondu et bien mélanger.

Déposer le mélange par cuillerée à soupe sur une tôle à pâtisserie recouverte de papier parchemin.

Refroidir au réfrigérateur pendant environ 2 h.

Tuiles à la noix de coco

330 ml (1 ⅓ tasse)
de noix de coco râpée

125 ml (½ tasse) de sucanat en
poudre

2 œufs battus

80 ml (⅓ tasse) de margarine
végétale fondue ou ghee
(voir p. 173)

5 ml (1 c. à thé) de vanille

Préchauffer le four à 180 °C (350 °F).

Dans un bol, mélanger la noix de coco,
le sucanat, les œufs, la margarine fondue
ou le ghee et la vanille.

Tapisser une tôle à pâtisserie de papier parchemin.

Façonner des tuiles de 15 ml (1 c. à soupe).
À l'aide d'une fourchette, les écraser pour former
des tuiles rondes et minces.

Cuire 12-15 minutes au four. Les tuiles seront
bien dorées.

Décoller les tuiles pour les faire refroidir.

Quelques recettes de base

Bouillon de légumes

30 ml (2 c. à soupe) d'huile d'olive extra-vierge pressée à froid

1 gros poireau coupé en tronçons

2 gros oignons coupés en quartiers

3 carottes moyennes coupées en tronçons

3 branches de céleri coupées en tronçons

1 tomate en quartiers

½ tête d'ail

2 l (8 tasses) d'eau

2 grandes feuilles de laurier

2 branches de thym frais

4 brins de persil frais

15 ml (1 c. à soupe) de sel gris de mer

5 grains de poivre noir

Déposer l'huile dans une grande casserole à feu moyen-doux.

Faire revenir (sans coloration) le poireau, les oignons, les carottes, le céleri environ 20 minutes en remuant de temps en temps.

Ajouter le reste des ingrédients.

Laisser mijoter à feu doux, à couvert pendant 45 minutes.

Refroidir rapidement votre marmite dans un bain d'eau froide et filtrer le bouillon à l'aide d'une passoire.

Bouillon de poulet

1,2 kg (2,5 livres) de carcasses de volaille

4 l (16 tasses) d'eau froide

2 gros oignons coupés en 2 et piqués de 3 clous de girofle

1 poireau lavé et taillé en tronçons

2 branches de céleri en tronçons

2 carottes pelées et coupées en tronçons

1 bouquet garni (thym, persil, feuille de laurier et graines de céleri)

5 grains de poivre

5 ml (1 c. à thé) de sel de mer brut

Rincer les carcasses à l'eau froide et les déposer en gros morceaux dans la marmite.

Ajouter l'eau, porter à ébullition et ajouter le reste des ingrédients.

Réduire le feu et cuire à feu doux à découvert de 3 à 4 h.

Filtrer le bouillon, réfrigérer et/ou congeler.

Fond de veau

2 kg (4 livres) d'os de veau concassés

1 gros poireau lavé et taillé en tronçons

2 gros oignons coupés en deux

2 branches de céleri taillées en tronçons

2 carottes pelées et taillées en tronçons

2 tomates en quartiers

5 l (20 tasses) d'eau froide

2 gousses d'ail

1 bouquet garni (thym, persil, feuille de laurier et graines de céleri)

5 grains de poivre

5 ml (1 c. à thé) de sel de mer brut

Placer les os de veau dans une grande marmite et y verser l'eau.

Mettre le reste des ingrédients dans la marmite et porter à ébullition.

Réduire le feu et cuire à découvert 7 h à feu doux.

Écumer au besoin.

Ajouter de l'eau bouillie au besoin pour obtenir 4 litres (16 tasses) de fond en fin de cuisson.

Filtrer et réfrigérer.

Fumet de poisson

1 kg (2 lb) de parures
de poissons (arêtes, tête,
queue et nageoires, peau)

2 l (8 tasses) d'eau froide

250 ml (1 tasse) de vin blanc sec

1 blanc de poireau, lavé
et émincé finement

1 gros oignon émincé finement

1 carotte pelée et émincée
finement

1 branche de céleri avec ses
feuilles émincée finement

1 bouquet garni

5 grains de poivre

Faire dégorger les parures de poissons en
changeant l'eau à plusieurs reprises, puis les
concasser.

Déposer les parures de poissons dans une
marmite, ajouter l'eau, le vin blanc et porter
à ébullition. Écumer.

Ajouter les autres ingrédients, réduire le feu
et laisser mijoter 30 minutes à découvert
sans remuer.

Filtrer à l'aide d'un chinois, réfrigérer
et/ou congeler.

Ghee

**250 ml (1 tasse)
de beurre non salé**

Dans une casserole, à découvert, faire fondre
le beurre à feu doux, et, sans le remuer,
le laisser chauffer jusqu'à ce qu'il soit blond.

Lorsque le beurre est fondu, avec une petite
cuillère, l'écumer des substances blanchâtres
(protéines du lait) qui remontent à la surface.

Lorsqu'il est blond et clair, le transvider lentement
dans un bol en laissant au fond de la casserole les
substances blanchâtres qui restent.

Note
Le ghee est conforme au régime hypotoxique puisque
les protéines provenant du lait sont éliminées.

Sauce béchamel

60 ml (4 c. à soupe) de farine sans gluten (riz, tapioca)

4 c. à soupe d'huile (60 ml) d'olive extra-vierge pressée à froid ou de ghee

250 ml (1 tasse) de bouillon de poulet

250 ml (1 tasse) de préparation crémeuse de soja biologique (Belsoy)

1 ml (¼ c. à thé) de sel de mer brut

Pour donner plus de goût à la béchamel

1 échalote grise (50 g/1,7 oz) hachée finement

15 ml (1 c. à soupe) d'huile d'olive extra-vierge ou de ghee

10 ml (2 c. à thé) de persil frais émincé

5 ml (1 c. à thé) de marjolaine fraîche émincée

Sel et poivre

Préparation I

Dans une poêle antiadhésive, chauffer l'huile ou le ghee à feu moyen-doux et ajouter la farine graduellement en brassant jusqu'à ce que le mélange épais soit homogène.

Retirer du feu et ajouter doucement le bouillon de poulet en remuant jusqu'à consistance lisse. Ajouter le sel.

Remettre sur le feu, augmenter la température à moyen-fort et remuer continuellement jusqu'à épaississement du mélange.

Baisser la température du feu à moyen-doux pour éviter toute ébullition et ajouter la préparation de soja. Utiliser.

Préparation II

Faire revenir l'échalote dans 15 ml (1 c. à soupe) d'huile d'olive extra-vierge ou le ghee à feu moyen-doux jusqu'à transparence.

Ajouter l'échalote cuite ainsi que les herbes à la préparation I.

Ajouter sel et poivre au goût, chauffer à feu doux et utiliser.

Sauce chermoula

125 ml (½ tasse) de mayonnaise

1 gousse d'ail hachée finement

2 ml (½ c. à thé) de cumin moulu

5 ml (1 c. à thé) de paprika fumé

1 ml (¼ c. à thé)
de piment séché broyé

15 ml (1 c. à soupe)
de jus de citron

Zeste de 1 citron

60 ml (¼ tasse) de coriandre
hachée

30 ml (2 c. à soupe) de bouillon
de poulet ou plus (facultatif)

Mélanger tous les ingrédients et réfrigérer
au moins 30 minutes avant de servir.

Pour une sauce à napper, ajouter 30 ml
(2 c. à soupe) ou plus de bouillon de poulet.

Pour une sauce allégée, remplacer une partie
de la mayonnaise par du yogourt végétal.

Suggestions
Servir avec le poulet méditerranéen.

Peut également servir de sauce à trempette ou remplacer
la mayonnaise dans les sandwichs.

Sauce tartare

125 ml (½ tasse) de mayonnaise

3 cornichons surs hachés finement

22 ml (1 ½ c. à soupe)
de câpres hachées finement

15 ml (1 c. à soupe) d'échalote
française hachée finement

10 ml (2 c. à thé)
de persil frais haché

Sauce Worcestershire au goût

Sel et poivre

Dans un bol, mélanger tous
les ingrédients. Réfrigérer.

Suggestion
Servir en accompagnement avec du poisson.

Sauce vierge

3 tomates pelées, épépinées
et concassées

125 ml (½ tasse) d'huile d'olive
extra-vierge pressée à froid

45 ml (3 c. à soupe)
de jus de citron

3 gousses d'ail émincées

125 ml (½ tasse) de fines herbes
fraîches ciselées (cerfeuil,
ciboulette, estragon, basilic,
persil)

Sel

Mettre les tomates, l'huile d'olive, le jus de citron
et l'ail dans un bol et bien mélanger.

Saler et laisser reposer 2 h à la température de la
pièce afin que les arômes se mélangent.

Avant de servir, incorporer les fines herbes et bien
mélanger.

Suggestions

Accompagne les poissons. Peut également servir comme
sauce sur des pâtes.

Cette sauce est encore meilleure quand elle est préparée
à l'avance, car les arômes se mélangent bien.

Sauce tomate aux fines herbes

1 boîte de tomates San Marzano de 796 ml (28 oz)

60 ml (4 c. à soupe) d'huile d'olive extra-vierge pressée à froid

1 petit oignon haché

2 gousses d'ail hachées finement

1 feuille de laurier

15 ml (1 c. à soupe ou plus) d'herbes fraîches (thym, persil, romarin)

30 ml (2 c. à soupe) de feuilles de basilic ciselées

Sel

Réduire les tomates en purée au pied-mélangeur.

Dans une grande casserole, mettre l'huile d'olive, l'oignon et l'ail. Faire revenir sur feu modéré pendant 3 à 5 minutes, jusqu'à ce que l'oignon devienne transparent.

Ajouter les tomates réduites en purée (ou les tomates fraîches en morceaux), la feuille de laurier, les herbes, le sel et bien mélanger.

Laisser mijoter à feu doux à découvert pendant 15 à 20 minutes, jusqu'à ce que la sauce commence à épaissir. Enlever la feuille de laurier et rectifier l'assaisonnement si nécessaire.

Au moment de servir, ajouter les feuilles de basilic ciselées.

Variantes

En saison, remplacer les tomates en conserve par 1 kilo (2 livres) de tomates italiennes fraîches coupées en gros morceaux.

Si désiré, monder les tomates (enlever la pelure) : enlever le pédoncule et faire une incision en forme de × à la base des tomates. Les plonger dans une grande casserole d'eau bouillante pendant 1 minute. Les retirer de la casserole avec une cuillère trouée et les déposer dans un bol d'eau glacée. Laisser refroidir 1 minute.

Les peler, les épépiner et les couper en morceaux.

Salsas d'accompagnement

Salsa aux tomates

4 tomates, pelées et coupées en petits dés

1 oignon rouge (petit) émincé

125 ml (½ tasse) de persil plat haché

60 ml (¼ tasse) de noisettes hachées

60 ml (¼ tasse) d'huile d'olive extra-vierge pressée à froid

30 ml (2 c. à soupe) de vinaigre balsamique blanc ou de vinaigre de vin

Une pincée de sel, poivre

Dans un bol, mélanger l'oignon et le vinaigre balsamique.

Ajouter les tomates et l'huile d'olive. Assaisonner.

Ajouter les noisettes et le persil. Réfrigérer pour développer les saveurs.

Salsa aux fraises

250 ml (1 tasse) de fraises fraîches, lavées et coupées en dés de 5 mm (¼ po)

1 tomate moyenne, coupée en dés de 5 mm (¼ po)

2 oignons verts, hachés fin

15 ml (1 c. à soupe) de coriandre fraîche hachée finement

5 ml (1 c. à thé) de menthe fraîche hachée finement

5 ml (1 c. à thé) de vinaigre balsamique

15 ml (1 c. à soupe) d'huile d'olive extra-vierge pressée à froid

Une pincée de piment de Cayenne

Combiner tous les ingrédients, saler et poivrer. Réfrigérer la salsa au moins 1 h.

Note : Cette salsa accompagne bien un poisson blanc.

Salsa à l'ananas

250 ml (1 tasse) d'ananas coupés en petits dés

½ poivron rouge coupé en petits dés

125 ml (½ tasse) de coriandre fraîche, hachée

3 oignons verts hachés

Zeste d'une lime

Jus d'une lime, environ 15 ml (1 c. à soupe)

Dans un bol, mélanger tous les ingrédients. Couvrir et réfrigérer.

Note : Cette salsa accompagne bien un poisson ou un poulet cuit vapeur ou poché.

Coulis à base de fruits

Ces coulis sont destinés à garnir les gâteaux,
salades de fruits et autres desserts.

Coulis de bleuets

125 ml (½ tasse) de bleuets congelés

½ banane

125 ml (½ tasse) de lait d'amande

Passer au Vitamix ou au mélangeur.
Réfrigérer.

Coulis de framboises

250 ml (1 tasse) de framboises

**15 ml (1 c. à soupe) de Cointreau
ou de liqueur de fruits**

5 ml (1 c. à thé) de sucanat en poudre

Passer au mélangeur pour obtenir une
préparation homogène. Réfrigérer.

Coulis de framboises

**500 ml (2 tasses)
de framboises congelées**

**30 ml (2 c. à soupe) de sirop d'érable
ou de sucanat en poudre**

Décongeler les framboises,
ajouter le sirop d'érable ou le sucanat
et les réduire en purée.

Passer la purée au tamis fin pour enlever
les pépins. Réfrigérer.

La cuisine tonique du Spa Eastman

La petite histoire du Spa Eastman

Lors de sa création en 1977, le Spa Eastman s'appelait «Centre de santé d'Eastman». Le centre, qui comptait alors seulement cinq chambres, se voulait une destination vacances dont le fondement reposait sur une alimentation saine. Les clients d'alors se souviendront certainement que le Centre de santé faisait la fête aux germinations, au tofu et au pain intégral, et cela bien avant monsieur Montignac!

En 2001, le Centre de Santé d'Eastman est devenu le Spa Eastman alors qu'il se transformait en un véritable petit village vacances où l'on célébrait l'art de vivre en santé. Le Spa Eastman est un endroit où ses invités peuvent expérimenter l'effet profondément énergisant de soins thérapeutiques de la plus haute qualité, de la thermothérapie (alternance de bains chauds et froids), de la pratique d'activités physiques et d'une alimentation saine et gourmande. En raison de son expertise exceptionnelle, le Spa Eastman figure parmi les meilleurs spas mondialement reconnus[1].

La découverte du régime Seignalet en 2009 a été l'occasion pour Jocelyna Dubuc d'approfondir sa réflexion visant à développer au Spa Eastman une cuisine à la fois saine et tonique. Depuis les années 2011-2012, s'appuyant

---

1. En 2012, année de son 35e anniversaire, le Spa Eastman a été nommé finaliste pour l'Amérique du Nord dans la catégorie «Destination Spa» dans le cadre des World Spa Awards. En 2011, gayot.com a nommé le Spa Eastman parmi les 10 meilleurs spas au monde pour les séjours Detox. En 2008, le Spa Eastman a remporté les honneurs du Phénix de l'environnement, au Québec, dans la catégorie développement durable. Il a également reçu une mention spéciale du jury du magazine américain *Health Magazine* dans le cadre du concours des meilleurs spas en Amérique. Depuis 2006, il est élu chaque année parmi les dix meilleurs spas au monde par les lecteurs de *Spa Finder*, dans au moins une catégorie.

sur les preuves scientifiques exposées dans le livre *Comment j'ai vaincu la douleur et l'inflammation chronique par l'alimentation* de Jacqueline Lagacé, le Restaurant du Spa Eastman offre, grâce à l'arrivée du chef Kévin Bélisle et de son acolyte Jean-Marc Enderlin, nutrithérapeute et chef formateur, une cuisine unique basée sur des menus gourmets qui rivalisent en saveur avec les plus grandes tables. L'expertise exceptionnelle du Restaurant du Spa Eastman est maintenant reconnue officiellement puisque le chef Kévin Bélisle vient d'être nommé Chef santé 2013 par la Société des chefs cuisiniers et chefs pâtissiers du Québec.

Quand l'histoire d'une institution est indissociable du parcours de sa fondatrice

Jocelyna Dubuc, l'âme du Spa Eastman, du plus loin qu'elle se souvienne, était de santé fragile. Rien ne lui fut épargné : rhumes carabinés, rougeole, rubéole, acné, règles douloureuses et douleurs articulaires dès l'âge de 15 ans. À 20 ans, Jocelyna cherchait dans des livres traitant de maladies dégénératives des solutions à ses problèmes de santé. C'est ainsi qu'elle s'est intéressée à des cures de raisin et au jeûne intégral, à la suite de lectures qui lui suggéraient que ses symptômes pouvaient être le signe d'une intoxication en lien avec la malbouffe propre à sa génération. Son tempérament gourmand l'a orientée vers une cure de raisin plutôt que vers un jeûne intégral : elle allait au moins manger des raisins ! Après cinq à six jours de cure, son teint s'est éclairci, ses articulations n'étaient plus douloureuses, et elle se découvrait une énergie et une vitalité qu'elle ne se connaissait pas. Elle sentait qu'elle s'était vraiment désintoxiquée. Avec le recul, elle ne recommanderait pas une telle expérience sans prévoir un encadrement adéquat, bien que pour elle, tout se soit bien déroulé.

À la suite de sa cure, il était devenu évident pour elle qu'elle ne pouvait effectuer un retour à l'alimentation « normale ». Jocelyna a alors opté pour un végétarisme de qualité, qui n'incluait aucun aliment préparé, ni pâtes, ni pains, ni biscuits, entre autres choses. Parallèlement à sa démarche alimentaire, et tout en poursuivant ses lectures, elle s'est intéressée au yoga et à la méditation pour atteindre un équilibre axé sur une santé globale.

C'est dans cet esprit qu'elle s'est retrouvée à 23 ans en Inde à explorer différentes cures et à prendre conscience de l'impact de l'alimentation sur la santé. Elle découvrait du même souffle la naturopathie, cette grande médecine du monde, les bienfaits de la thermothérapie basée sur l'alternance du chaud et du froid (méthode développée par le Père Kneipp) et la médecine ayurvédique. Même si le terme « alimentation vivante » n'existait pas à l'époque, les fondements de cette approche étaient déjà en place : pousses, germinations, noix trempées, crudités et jus verts incluant le jus d'herbe de blé, tout y était. L'expérience au quotidien de ces pratiques lui a permis de comprendre le lien étroit qui existe entre l'alimentation, le corps et l'esprit. Elle réalisait que l'aliment qu'elle mettait au bout de sa fourchette pouvait l'énergiser, la vitaliser ou la rendre malade. C'est ce voyage en Orient qui a fait en sorte que l'alimentation saine est devenue pour elle une priorité incontournable, et lui a donné le désir de créer le Centre de santé d'Eastman dans le but de partager ses acquis en santé globale.

Un cheminement pas toujours facile

Vers l'âge de 45 ans, malgré son végétarisme convaincu, allergies et crises de douleurs musculaires reviennent la hanter à l'occasion. À l'époque, le végétarisme ne disposait pas de l'ensemble des connaissances que nous avons aujourd'hui (smoothies verts, superaliments, préparations optimales de protéines végétales). Ses problèmes de santé, en lien avec certaines carences alimentaires et une surcharge de stress, l'incitent alors, à la suite de la découverte des travaux du Dr Barry Sears[2], à réintroduire dans son alimentation les protéines animales sur une base régulière. Temporairement, mais presque du jour au lendemain, ses allergies disparaissent. À ce moment, la réintégration de protéines animales allait parer à certaines carences. Dans le même élan, les poissons et certaines viandes de qualité (idéalement provenant de petits élevages biologiques) apparaissaient pour la première fois au menu du Spa Eastman. Guidée par ses lectures, ses recherches, ses expériences et la vigilance des naturopathes et nutritionnistes rattachées au Spa Eastman, elle s'est intéressée à l'effet des combinaisons alimentaires.

En 2000, elle franchissait une autre étape en éliminant la presque totalité des produits laitiers cachés ainsi que plusieurs farines de blé de la préparation de son alimentation et des menus du Restaurant du Spa Eastman. Toutefois, des points d'interrogation demeuraient, parallèlement à l'évolution lente de sa table vers une cuisine vitalisante, tonique, gastronomique et savoureuse. Sans jamais céder aux modes ou aux tendances, l'élaboration des menus du Spa Eastman a toujours été guidée par l'évolution des connaissances en alimentation, s'inspirant des plus récentes recherches en la matière. Son équipe a exploré, expérimenté, douté, validé et questionné cent fois les choix et les priorités afin d'offrir un menu aussi sain et vitalisant que possible à leurs clients. Un exercice exigeant mais essentiel qui a mené à la création d'une nouvelle cuisine santé énergisante.

---

2. Dr Barry Sears sur Wikipédia : http://en.wikipedia.org/wiki/Barry_Sears

La création d'une cuisine tonique unique

C'est en 2009, à la suite de la lecture de *L'alimentation ou la troisième médecine* du Dr Seignalet[3], proposant une alimentation hypotoxique, que la concrétisation d'une cuisine « tonique » s'est imposée à Jocelyna Dubuc. Les changements alimentaires proposés par le régime hypotoxique, combinés à l'intégration d'un maximum de crudités, smoothies verts, crèmes Vitalité, pousses, germinations, noix trempées et autres aliments vivants à la manière du Spa Eastman, correspondaient à sa représentation d'une alimentation propre à favoriser une santé globale.

La cuisine hypotoxique du Dr Seignalet permet d'intégrer certains poissons et quelques viandes, avec précaution, sans pour autant hypothéquer la santé. Nul besoin d'entrer en guerre avec les convictions du carnivore ni du végétalien. Chacun peut faire ses choix en fonction de ce qui lui convient. Si on élimine les produits laitiers et le gluten et que l'on privilégie les modes de cuisson à basses températures tel que le suggère l'approche Seignalet, tout en ajoutant une part importante de végétaux de qualité, crus et vivants, à la manière du Spa Eastman, on obtient les bases d'une cuisine totalement revitalisante qui ne fait aucun compromis sur le plaisir de savourer un délicieux repas !

Malgré sa conviction que la cuisine tonique du Spa Eastman soit exceptionnelle pour conserver ou retrouver la santé, aux yeux de Jocelyna Dubuc, le régime végétalien demeure un choix de vie sain et responsable qui répond à un ensemble de préoccupations touchant à la fois la santé, l'environnement, la société et l'éthique. Pour ceux qui souhaitent s'y tenir de façon rigoureuse, il est toutefois essentiel de s'assurer d'un apport suffisant en protéines végétales. De même, elle croit fondamentalement qu'une cure d'alimentation crue peut avoir un impact majeur et rapide sur la santé globale, voire sur certains problèmes de santé spécifiques. Toutefois, elle admet que la préparation de menus 100 % crus au quotidien ne convient pas à tous et qu'une telle alimentation peut s'avérer un réel défi d'organisation pour plusieurs, principalement dans les pays nordiques.

---

3. Les Éditions du Rocher. Dr Jean Seignalet, *L'alimentation ou la troisième médecine*, 5e édition, 2012. http://www.editionsdurocher.fr/L-alimentation-ou-la-troisieme-medecine_oeuvre_10887.html

Les principes inhérents au Spa Eastman par Jocelyna Dubuc et son équipe

Manger par plaisir

Pourquoi ne pas utiliser le régime hypotoxique du Dr Seignalet et le transformer en une invitation à la découverte d'un nouvel art de vivre ?

C'est le défi que nous avons relevé au Restaurant du Spa Eastman. En respectant les grands principes du régime Seignalet et en y intégrant notre savoir, nous avons créé une cuisine saine, vitalisante, savoureuse, à la portée de tous, qui éduque et trace un chemin viable, agréable à suivre.

Tout l'art de cette alimentation saine et gourmande s'exprime à merveille à travers le talent créatif, le savoir et la passion de notre chef Kévin Bélisle, de notre nutrithérapeute et chef formateur Jean-Marc Enderlin et de la brigade qui les accompagne dans la préparation des menus de notre Restaurant.

Ensemble, nous avons élaboré le *Manifeste culinaire du Spa Eastman pour un monde en santé*. Ce manifeste se veut un guide pour promouvoir de saines habitudes de vie tout en ayant un impact sur le bonheur national brut !

Manifeste culinaire du Spa Eastman à l'intention des gourmets, gastronomes et nutritionnistes

Voici les grands principes de base qui distinguent notre cuisine :

- ▶ Cuisine saine et non saturée en gras et en sucre
- ▶ Utilisation de produits biologiques, de saison, frais et locaux
- ▶ Une optique de bien-être, de bon goût et de santé
- ▶ La pureté, la fraîcheur et la simplicité
- ▶ L'équilibre des saveurs
- ▶ Promotion des cultures régionales au sens large
- ▶ Création d'une alimentation québécoise qui n'a rien à envier au point de vue santé et goût à l'alimentation méditerranéenne

La cuisine n'est pas seulement une réponse au besoin vital de se nourrir. C'est plus que la seule quête du bonheur. La cuisine est un outil puissant de transformation qui, à travers l'effort conjoint des chefs, producteurs et «mangeurs», favorise la santé à la fois du corps et de l'esprit.

Nous encourageons la pratique d'une production durable[4], tant dans les champs que dans nos cuisines. Ainsi, nous pouvons créer des saveurs authentiques.

Notre chef et nos cuisiniers sont des acteurs engagés, conscients de leurs responsabilités pour une société juste et équitable. De fait, le partage des connaissances par le biais d'ateliers ouverts à tous est une partie importante de la mission du Spa Eastman.

L'alimentation tonique

Il s'agit d'une façon de cuisiner qui procure de l'énergie et de la vitalité au corps et à l'esprit, tout en lui apportant le plaisir d'une bonne table. C'est aussi une alimentation sans effets secondaires néfastes à court terme (brûlures d'estomac), moyen terme (fatigue) ou long terme (santé globale).

La cuisson des aliments se fait à basse température : sous 100 °C (210 °F) à la vapeur, sous 85 °C (185 °F) à l'étouffée, au four à air pulsé ou au déshydrateur. Il s'agit de techniques et de températures qui respectent les règles d'une alimentation anti-inflammatoire ou hypotoxique.

Les ingrédients

- L'eau : De source du Spa Eastman.
- Les huiles : De première pression à froid, biologiques. Canola, olive, noix, sésame, coco.
- Les céréales : Complètes et biologiques. Quinoa, sarrasin, millet, riz, amarante.
- Les légumineuses : Mung, pois chiche, lentille, adzuki.
- Les viandes : Gibier d'élevage biologique de préférence.
- Les poissons : De source renouvelable biologique de préférence.
- Les légumes : Frais, bio et locaux de préférence. De notre jardin biologique.
- Les lacto-fermentés : Le miso, le tamari, les prunes umeboshi, la choucroute et autres légumes.
- Les légumes de mer : Les algues de mer et d'eau douce.
- Les sucres naturels : Non-raffinés. Le miel, le sirop d'érable, le sucre de canne et les fruits séchés.

---

4. Dans l'expression « production durable », nous incluons à la fois les cultures et les élevages qui respectent les principes du développement durable (sans pesticides, herbicides, hormones, antibiotiques, etc.) et la gestion de la cuisine qui fait de même en privilégiant l'achat local, les huiles bio, le compostage, etc.

Les combinaisons

Pour une meilleure assimilation des aliments, nous respectons certaines règles lors de l'élaboration des repas :

▶ Protéines animales et légumes (les protéines animales doivent être consommées avec une bonne proportion de légumes pour en faciliter la digestion et l'assimilation)

▶ Céréales et légumes

▶ Légumineuses et légumes

▶ Céréales, légumineuses et légumes (protéines végétales complètes)

Le jardin et la forêt

▶ De notre jardin biologique, nous récoltons les fines herbes, légumes, petits fruits et fleurs comestibles.

▶ De notre forêt sauvage, nous cueillons des têtes de violons, des feuilles d'ail des bois, des plantes sauvages et des champignons.

▶ Le compost qui sert à nourrir notre jardin est produit principalement par les déchets de la cuisine du restaurant.

▶ Les tisanes servies à l'intérieur du Spa proviennent uniquement de notre jardin.

▶ L'entretien du jardin est fait par des jardinières certifiées en herboristerie et l'entretien de la forêt, par un horticulteur certifié en forêt écologique.

▶ L'aménagement paysager est fait en fonction de la cuisine : tout ce qui « décore » le « paysage » doit pouvoir se retrouver dans la composition d'un plat soit par sa racine, sa tige, ses feuilles ou ses fleurs.

À table !

Je crois qu'il est grand temps de réévaluer notre façon de nous alimenter. Nous savons maintenant qu'une saine alimentation permet de prévenir et/ou éliminer plusieurs maladies chroniques. Et nous savons aussi (enfin !) que faire des choix sains et responsables est tout à fait compatible avec le plaisir de savourer un bon repas, seul ou entre amis.

Si le plaisir de manger sainement trouve enfin ses lettres de noblesse, cela repose sur la contribution de gens dévoués, comme madame Jacqueline Lagacé, qui nous aident à prendre la voie vers un Québec en santé.

D'ailleurs, je tiens ici à remercier personnellement madame Lagacé pour le travail de défrichage et d'éducation qu'elle a entrepris à travers ses livres et conférences. Grâce à elle, notre travail de promotion d'une gastronomie santé peut enfin s'appuyer sur un savoir scientifique rigoureux, mis à jour par ses recherches. Pour sa volonté de demeurer à l'affût, pour son désir de partager ses découvertes avec passion et générosité, je lui suis profondément reconnaissante. Elle a donné un sens à la cuisine hypotoxique, que nous nous plaisons à appeler tonique.

Les recettes toniques que nous vous présentons ici sont donc non seulement délicieuses et gourmandes, mais elles vous laisseront avec plus d'énergie, plus de joie dans le corps et dans la tête.

Alors, entre le « Taboulé méditerranéen au chou Romanesco », les « Pétoncles confits à l'huile de noix de coco », la « Cuisse de lapin braisée au chou frisé » ou l'une des nombreuses autres recettes présentées dans notre section du livre, que préparerez-vous ce soir ?

Bon appétit !
Jocelyna Dubuc

Petits déjeuners

Œufs pochés nappés de sauce hollandaise végétale

Pour 4 personnes

4 œufs

Eau vinaigrée

4 tranches de pain sans gluten

2 poignées d'épinards

Maniguette (moulin) au goût
(voir p. 339)

Piment d'Alep au goût (voir p. 339)

Ciboulette au goût

Sauce hollandaise

200 g (7 oz) de chou-fleur

150 g (5 oz) de courgettes
jaunes moyennes

80 ml (⅓ tasse) d'huile d'olive

1 pincée (2 g) de sel de mer

½ citron (jus)

1 pincée de curcuma

Sauce hollandaise

Couper le chou-fleur en morceaux et tailler
les courgettes de la même taille.

Cuire à la vapeur pendant 15 minutes ou jusqu'à ce
qu'un couteau transperce facilement les légumes.

Mixer à l'aide d'un mélangeur haute vitesse tous
les ingrédients afin d'obtenir une crème lisse et
onctueuse. Ajuster la texture avec de l'eau
si nécessaire.

Œufs pochés

Casser l'œuf dans un petit bol, porter l'eau à
frémissement, faire tourner l'eau à l'aide d'une
cuillère et couler l'œuf au milieu. Surveiller la
cuisson (1 à 2 minutes). Servir immédiatement
ou refroidir dans l'eau glacée, puis réchauffer plus
tard dans l'eau tiède.

Tailler le pain* à l'aide d'un emporte-pièce rond
et le faire griller.

Faire tomber les épinards 30 secondes à la vapeur.

Service

Dans l'assiette, poser le pain, les épinards, l'œuf,
napper de sauce et saupoudrer de maniguette,
de piment d'Alep et de ciboulette ciselée.

* Conserver et faire sécher les croûtes pour obtenir une
chapelure sans gluten.

Céréales matin vitalité

Pour 4 personnes

50 g (½ tasse)
d'amandes blanches

60 ml (¼ tasse) de sirop d'érable

30 ml (2 c. à soupe)
de beurre de cacao fondu

30 ml (2 c. à soupe) d'huile de
canola biologique (voir p. 339)

3 ml (½ c. à thé)
de vanille en gousse

60 g (½ tasse)
de flocons de quinoa

75 g (½ tasse)
de sarrasin germé

25 g (¼ tasse)
de farine de quinoa

30 g (2 c. à soupe) de chia

15 g (1 c. à soupe)
de sésame blanc

5 ml (1 c. à thé) de poudre
de lucuma (voir p. 339)

50 g (½ tasse)
de bleuets déshydratés

1 banane séchée au soleil
et hachée

Faire tremper les amandes 12 h au réfrigérateur.

Mélanger le sirop d'érable, le beurre de cacao, l'huile de canola et la vanille.

Mélanger les flocons de quinoa, le sarrasin germé, la farine de quinoa, le chia, le sésame et la lucuma.

Verser les ingrédients liquides sur les ingrédients secs.

Ajouter les amandes, les bleuets, les bananes et bien mélanger.

Étaler sur une feuille antiadhésive.

Déshydrater à 42 °C (105 °F) pendant 8 h (ou cuire au four conventionnel à très basse température).

Galettes de sarrasin aux fruits de saison

Pour 4 personnes

**200 g (2 tasses)
de farine de sarrasin**

750 ml (3 tasses) d'eau

½ c. à thé (2 g) de sel

15 g (0,5 oz) d'huile de coco

**4 portions de fruits
de saison coupés en dés**

Crème de soja et amande
(voir p. 198)

Zestes confits

2 oranges bio en zestes

160 ml (⅔ tasse) d'eau

125 g (4 oz) de sucanat en poudre

Mélasse au goût

Faire un puits avec le mélange farine et sel.

Verser l'eau en filet et fouetter.

Cuire une crêpe mince avec un peu d'huile de coco dans un poêlon antiadhésif.

Plier en quatre et poser dans l'assiette.

Garnir de fruits au centre, de crème de soja et amande, de mélasse et des zestes confits.

Zestes confits

Prélever la pelure de l'orange à l'aide d'un économe* (sans le blanc).

Émincer finement au couteau.

Mettre les zestes dans une petite casserole avec un peu d'eau froide et porter à ébullition 30 secondes puis égoutter. Répéter l'opération 2 à 3 fois.

Porter l'eau, le sucanat et les zestes à ébullition. Baisser le feu et cuire environ 5 minutes. Attention, le sirop ne doit pas caraméliser. Surveiller attentivement.

Laisser refroidir une nuit dans le sirop.

Égoutter.

* Vous pouvez aussi plus simplement zester une orange à l'aide d'une râpe microplane.

Crème de soja
à l'amande amère

Pour 4 personnes

210 g (7 oz) de tofu soyeux

1 pincée de vanille en poudre

1 pincée de sel

3 gouttes d'extrait d'amande amère

120 g (4 oz) de sucanat en poudre

125 ml (½ tasse) de lait de soja

125 ml (½ tasse) d'eau

5 ml (1 c. à thé) d'agar-agar
(voir p. 337)

Mixer le tofu soyeux, la vanille, le sel et l'extrait d'amande au mélangeur.

Faire fondre le sucanat dans le lait de soja dans une casserole à feu doux.

Faire chauffer à ébullition 1 minute le mélange d'eau et d'agar-agar.

Mixer tous les ingrédients au mélangeur et laisser refroidir sur une plaque.

Repasser au mélangeur l'appareil refroidi et figé afin d'obtenir une crème lisse.

Cassolettes d'œufs, patate douce, chou frisé, poivron et céleri-rave

Pour 4 personnes

4 œufs miroir (ou autre cuisson)

½ patate douce (dés blanchis)

1 poivron rouge en brunoise
(voir p. 338)

⅛ de chou frisé en chiffonnade

1 branche de romarin hachée

**1 pincée de noix
de muscade moulue**

Sel de mer au goût

Piment d'Alep au goût (voir p. 339)

Craquelins à l'oignon
(voir p. 221)

Cretons de noix
(voir p. 224)

Purée de céleri-rave

½ céleri-rave

2 échalotes

Eau au besoin

Sel de mer au goût

Éplucher et couper le céleri-rave et l'échalote. Cuire à la vapeur 30 minutes, puis réduire en purée lisse au mélangeur avec un peu d'eau.

Tailler les légumes et leur donner une précuisson (ou blanchir).

Mélanger les légumes, assaisonner. Faire les cassolettes (mettre la purée de céleri au fond et poser les légumes par-dessus).

Cuire les œufs de votre façon préférée et poser sur les légumes.

Garnir de ciboulette.

Servir avec le craquelin tartiné des cretons de noix.

Crêpes de gourgane nature, sirop d'érable vanillé

Pour 4 personnes

200 g (2 tasses) de farine de gourgane

4 œufs

500 ml (2 tasses) de lait de soja

30 ml (2 c. à soupe) de sirop d'érable

1 pincée de sel

Sirop

125 ml (½ tasse) de sirop d'érable

2 ml (⅓ c. à thé) de vanille moulue

Faire un puits avec la farine, y casser les œufs, verser le lait de soja, le sirop d'érable, ajouter le sel et mélanger afin d'obtenir un appareil lisse. Laisser reposer 30 minutes avant utilisation.

Mélanger tous les ingrédients du sirop.

Gruau de quinoa

**250 g (2 tasses)
de flocons de quinoa**

750 ml (3 tasses) d'eau

1 pincée de sel

Lait de soja au besoin

Garniture

**Lacto-fermentation de pommes,
canneberges et pacanes**
(voir p. 202)

Tremper le quinoa une nuit à la température de la pièce et bien le rincer.

Cuire doucement dans une casserole avec l'eau et une pincée de sel.

Délayer avec du lait de soja jusqu'à la texture désirée.

Servir avec la lacto-fermentation de pomme, canneberge et pacane.

Lacto-fermentation* de pommes, canneberges et pacanes

Pour 4 personnes

50 g (½ tasse) de pacanes concassées

60 g (½ tasse) de canneberges séchées

2 ml (½ c. à thé) de sel de mer

5 ml (1 c. à thé) de cannelle

5 ml (1 c. à thé) de poudre de lucuma (voir p. 339)

3 pommes coupées grossièrement

60 ml (¼ tasse) de jus de citron

15 ml (1 c. à soupe) de Bio-K à base de riz (voir p. 337)

125 ml (½ tasse) d'eau

30 ml (2 c. à soupe) de sirop d'érable

Combiner tous les ingrédients secs dans un récipient et mélanger.

Dans un autre récipient, mélanger les liquides.

Tasser les ingrédients secs dans un bocal en verre à l'aide d'un rouleau à pâtisserie de bois et y verser les liquides au fur et à mesure que vous compactez dans le bocal. Terminer avec quelques feuilles de chou. Tout doit être immergé.

Couvrir l'ouverture du bocal avec un linge attaché avec un élastique pour empêcher les insectes d'y entrer.

Laisser fermenter pendant 2 jours à température ambiante. (S'il fait très chaud et que certaines parties sont exposées à l'air, il se peut que de la moisissure se développe. D'où l'utilité des feuilles de chou. Jeter les feuilles de chou moisies. Ce qui est immergé dans l'eau est encore bon.)

Réfrigérer.

Vous pouvez aussi simplement mélanger les ingrédients et ne pas les faire fermenter. Ce sera tout aussi bon.

* Depuis le début du siècle dernier, des microbiologistes ont mis progressivement en évidence que certaines bactéries qui se développent spontanément dans les produits lactofermentés ont des caractéristiques «probiotiques».

Crème d'abricots et lavande aux noix de macadamia

Pour 4 personnes

140 g (1 tasse) de noix
de macadamia trempées 12 h

8 abricots secs trempés 12 h

2 pommes moyennes

½ citron (jus)

5 gouttes d'essence de fleurs
de lavande

50 g (3 c. à soupe)
de miel de fleurs

Garniture

Rondelles de pommes séchées

Raisins rouges coupés en deux

Fleurs de lavande

Égoutter et rincer les noix de macadamia.

Mélanger en crème lisse les noix avec les abricots trempés ainsi qu'une partie de l'eau de trempage, les pommes en morceaux, le jus de citron, l'eau de lavande et le miel.

Verser dans les bols et garnir de rondelles de pommes séchées, de raisins rouges, et parsemer de quelques fleurs de lavande.

Crème de pêches, fraises aux amandes et menthe fraîche

Pour 2 à 4 personnes

4 pêches blanches

200 g (7 oz) de fraises

140 g (1 tasse) d'amandes blanches trempées 12 h

15 ml (1 c. à soupe) de jus de citron

50 g (3 c. à soupe) de miel de fleurs

Garniture

100 g (3,5 oz) de fraises en dés

30 g (2 c. à soupe) de graines de chanvre

8 feuilles de menthe ciselées

Toujours bien laver vos fruits.

Couper les fruits en morceaux, mixer à l'aide du mélangeur en ajoutant les amandes sans l'eau de trempage, le jus de citron et le miel afin d'obtenir une crème lisse.

Verser dans des bols et garnir de fraises en dés, parsemer de graines de chanvre et de menthe ciselée.

Délice de mangue et lait de coco aux noix de cajou

Pour 2 à 4 personnes

1 grosse mangue

130 g (1 tasse) de noix de cajou trempées 12 h

1 boîte de lait de coco de 473 ml (16 oz)

1 citron (jus)

80 ml (⅓ tasse) de miel de trèfle

80 ml (⅓ tasse) d'huile de coco

1 pincée de gomme de xanthane

3 gouttes d'essence de vanille

Garniture

Framboises et bleuets

Feuilles de menthe

Noix de coco râpée

Prélever la chair des mangues et couper en morceaux.

À l'aide d'un mélangeur, mixer les noix de cajou égouttées avec le lait de coco, le jus de citron, le miel de trèfle et l'huile de coco, et incorporer la chair des mangues ainsi qu'une pincée de gomme de xanthane afin d'obtenir une crème lisse.

Verser dans des bols et garnir de petits fruits rouges, de feuilles de menthe, et parsemer de coco râpée.

Crème de figues et pommes aux avelines, lin et cannelle

120 g (1 tasse) d'avelines trempées 12 h

8 figues séchées, trempées 12 h

60 g (⅓ tasse) de lin trempé 12 h

2 pommes moyennes

5 ml (1 c. à thé) de cannelle en poudre

45 ml (3 c. à soupe) de sirop d'érable

1 citron (jus)

Garniture

2 figues fraîches en quartiers

1 grappe de raisins rouges

15 g (1 c. à soupe) d'avelines hachées

Égoutter et rincer les avelines en jetant l'eau de trempage. Égoutter les figues en gardant l'eau de trempage qui servira à liquéfier la préparation.

À l'aide du mélangeur, mixer les figues, les avelines, le lin trempé, les pommes en morceaux, la cannelle, le sirop d'érable et le jus de citron ainsi qu'une partie de l'eau de trempage des figues, jusqu'à l'obtention d'une crème lisse et onctueuse.

Verser dans des petits bols et garnir de figues en quartiers, de raisins rouges coupés en deux et parsemer d'avelines hachées.

Crème vitalité*
« Spa Eastman »

Pour 2 à 4 personnes

220 g (1 ½ tasse) de bleuets
congelés (ou frais)

125 ml (½ tasse) d'eau

1 banane en morceaux

1 pomme en morceaux

15 g (1 c. à soupe)
de chia blanc

30 g (2 c. à soupe)
de sésame moulu

30 g (2 c. à soupe)
de sarrasin germé

80 g (½ tasse) d'amandes
trempées 12 h dans l'eau
et égouttées

15 ml (1 c. à soupe)
de jus de citron

Garniture

Bleuets frais

Amandes blanches hachées

Mettre tous les ingrédients dans un robot culinaire
et mixer jusqu'à l'obtention d'une crème mi-épaisse,
ajouter de l'eau si nécessaire.

Garnir de bleuets frais et d'amandes blanches
hachées.

* Cette crème est inspirée de la crème Budwig. La crème
Budwig est un mélange composé de fruits et céréales
fraîchement moulues, d'oléagineux et de produits laitiers.
Elle a été créée à l'origine par Johanna Budwig et fût reprise
et popularisée par la doctoresse Catherine Kousmine.

Granola – Super baies

Donne 10 à 15 barres

90 g (½ tasse) de graines de lin

150 g (1 ½ tasse)
de flocons de quinoa

180 g (1 ½ tasse) d'amandes crues

70 g (½ tasse) de graines
de citrouille

80 g (½ tasse) de graines
de chanvre écalées

4 g (1 c. à thé) de vanille moulue

330 ml (1 ⅓ tasse)
de miel de sarrasin

15 g (1 c. à soupe)
de gingembre moulu

150 g (¾ tasse)
de canneberges séchées

80 g (½ tasse) de baies
d'épine-vinette séchées
(voir p. 337)

70 g (½ tasse) de baies de goji

50 g (¼ tasse) de bleuets (sucrés
au sucre de canne) séchés

50 g (¼ tasse) de mûres blanches
séchées

Recouvrir le lin d'eau et laisser tremper pendant environ 30 minutes, le temps qu'il gonfle.

Moudre les amandes. Mélanger les flocons de quinoa, les amandes moulues, les graines de citrouille, le chanvre et le lin égoutté, la vanille, le miel et le gingembre moulu.

Ajouter les fruits séchés et mélanger.

Étaler sur une feuille antiadhésive une couche du mélange d'une épaisseur de 1 cm (⅓ po).

Tailler en barres de la taille désirée.

Déshydrater à 42 °C (105 °F) pendant 12 h.

Retourner sur une grille et continuer de déshydrater pendant environ 12 h.

Conserver dans une boîte hermétique dans un endroit sec.

Barres granola matin vitalité*

Donne 10 à 15 barres

60 g (⅓ tasse) de sarrasin germé

110 g (¾ tasse) d'amandes crues

360 g (2 tasses) de flocons
de quinoa

70 g (¾ tasse) de farine de quinoa

70 g (½ tasse) de graines
de chia blanc

60 g (⅓ tasse) de graines
de sésame blanc

30 g (2 c. à soupe) de poudre
de lucuma (voir p. 339)

100 g (½ tasse) de bleuets
déshydratés

2 bananes séchées au soleil
et hachées

190 ml (¾ tasse) de sirop d'érable

15 ml (1 c. à soupe) de beurre
de cacao fondu

15 ml (1 c. à soupe) d'huile
de canola

5 ml (1 c. à thé) de vanille
en gousse

Faire tremper le sarrasin pendant 12 h
et le faire germer pendant 2 jours.

Faire tremper les amandes pendant 12 h
à température ambiante, égoutter et rincer.

Mélanger le sirop d'érable, le beurre de cacao,
l'huile de canola et la vanille.

Mélanger les flocons de quinoa, le sarrasin,
la farine, le chia, le sésame et la lucuma.

Verser les ingrédients liquides sur les
ingrédients secs.

Ajouter les amandes, le sarrasin, les bleuets,
les bananes et bien mélanger.

Étaler sur une feuille antiadhésive.

Prétailler les barres.

Déshydrater à 42 °C (105 °F) pendant 8 h
(ou au four à 100 °C [212 °F] pendant 4 h).

Laisser refroidir.

Conserver au sec.

* Une déclinaison pratique de la recette de céréales
matin vitalité.

Smoothies

Smoothie vert
du Spa Eastman

Pour 4 personnes

2 pommes (sans le cœur)

1 mangue

1 banane

1 citron (jus)

1 petit morceau de gingembre

500 ml (2 tasses) d'eau

60 g (2 oz) d'épinard

4 feuilles de kale (sans la tige)

½ bouquet de persil italien

Éplucher et tailler grossièrement les pommes, la mangue et la banane.

Placer les fruits dans le mélangeur avec le jus de citron, le gingembre et l'eau, et mixer une première fois, puis ajouter les épinards, les feuilles de kale et le persil.

Continuer à mixer jusqu'à l'obtention d'une texture lisse.

Si vous manquez de temps, préparez des portions en sacs et congelez-les. Vous n'aurez qu'à mixer la portion et l'eau pour réaliser votre smoothie en quelques secondes.

Smoothie aux fruits exotiques

1 grosse mangue

½ ananas frais

2 bananes moyennes

1 pincée de vanille moulue

1 poignée de menthe fraîche

80 ml (⅓ tasse) de miel de trèfle

1 boîte de lait de coco
de 473 ml (16 oz)

60 ml (¼ tasse) de jus de lime

Eau

Éplucher les fruits et couper en morceaux.

À l'aide d'un mélangeur, mixer tous les ingrédients.

Ajouter l'eau jusqu'à la consistance désirée.

Garnir de rondelles de lime.

Smoothie aux fruits rouges

Pour 4 personnes

180 g (6 oz) de fraises

180 g (6 oz) de framboises

180 g (6 oz) de bleuets

10 oz (300 g) de tofu soyeux

2 portions de 98 g (3,5 oz)
de Bio-K à base de riz
(voir p. 337)

1 pincée de vanille en poudre

60 ml (¼ tasse) de sirop d'érable

1 citron (jus)

Mixer tous les ingrédients à l'aide
d'un mélangeur jusqu'à l'obtention
d'une consistance crémeuse mi-épaisse.

Consommer sans attendre.

Smoothie antioxydant +++

Pour 4 personnes

100 g (¾ tasse) de noix de cajou trempées 12 h

240 g (8 oz) de cerises noires dénoyautées

240 g (8 oz) de mûres

1 banane

80 ml (⅓ tasse) de baies de goji trempées 12 h

1 citron (jus)

3 ml (1 c. à thé) de stevia en poudre

500 ml (2 tasses) de jus de grenade

Égoutter et rincer les noix de cajou.

Mixer tous les ingrédients en ajoutant le jus de grenade jusqu'à la consistance désirée.

Note
On peut y ajouter l'eau de trempage des baies de goji et réduire l'apport en jus de grenade.

Smoothie aux melons, concombre et miel de trèfle

<u>Pour 4 personnes</u>

**300 g (2 tasses)
de melon miel**

**300 g (2 tasses)
de melon cantaloup**

½ concombre

**40 g (⅓ tasse) de noix de cajou
trempées 12 h**

**2 ml (½ c. à thé)
d'eau de fleur d'oranger**

80 ml (⅓ tasse) de miel de trèfle

2 citrons verts (jus)

6 feuilles de basilic

Peler et épépiner les melons et les couper en dés.

Éplucher le concombre, épépiner et couper
en morceaux.

Rincer et égoutter les noix de cajou.

Mixer tous les ingrédients jusqu'à l'obtention d'une
texture lisse et consommer immédiatement.

Smoothie poires et abricots à la cannelle et lucuma

(voir p. 339)

Pour 4 personnes

6 abricots séchés, dénoyautés

2 poires

2 pommes

1 banane

1 orange (jus)

1 citron (jus)

2 ml (½ c. à thé) de cannelle en poudre

80 ml (⅓ tasse) de sirop d'érable

5 g (1 c. à thé) de poudre de lucuma (voir p. 339)

Eau

Faire tremper les abricots séchés 12 h à l'eau claire.

Couper les poires, les pommes et la banane en morceaux.

Mixer tous les ingrédients et ajouter l'eau selon la consistance désirée.

Craquelins
et tartinades

Craquelins au lin, tournesol et romarin

**Donne environ
20 à 40 craquelins**

270 g (1 ½ tasse) de graines de lin

**130 g (1 tasse) de graines
de tournesol sans écales**

2 gousses d'ail

Sel

75 ml (⅓ tasse) d'huile d'olive

500 ml (2 tasses) d'eau

**140 g (1 tasse) de graines
de chanvre sans écales**

2 branches de romarin

Faire tremper le lin dans assez d'eau pour le recouvrir, ainsi que le tournesol (dans un autre bol) pendant 4 à 6 h.

Dans le mélangeur, mettre le mélange lin-eau, le tournesol égoutté, l'ail, le sel, l'huile d'olive et l'eau, puis mixer jusqu'à l'obtention d'une pâte mi-solide et assez homogène.

Verser dans un bol. Ajouter le chanvre, mélanger et vérifier l'assaisonnement.

Étaler assez finement sur les feuilles antiadhésives.

Saupoudrer de romarin haché et mettre au déshydrateur à 42 °C (105 °F) pendant 8 h.

Prétailler les craquelins d'un trait de couteau au début du séchage ou les casser à la taille voulue après déshydratation.

Ensuite, retourner directement sur le grillage en retirant la feuille antiadhésives et terminer le séchage pendant encore 8 h.

Craquelins à l'oignon et à la maniguette

Donne 15 à 20 craquelins

1 oignon haché

135 g (¾ tasse) de graines de lin moulues

100 g (¾ tasse) de graines de tournesol moulues

Tamari sans gluten au goût

45 ml (3 c. à soupe) d'huile d'olive

Eau au besoin

Maniguette (poivre) (voir p. 339)

Hacher l'oignon finement.

Mélanger tous les ingrédients sauf la maniguette.

Étaler en couches d'environ ½ cm (⅛ po) sur les feuilles antiadhésives du déshydrateur.

Saupoudrer de maniguette concassée.

Après 1 h, prédécouper des carrés de 3 × 3 cm (1 ¼ × 1 ¼ po).

Déshydrater jusqu'à ce que les craquelins à l'oignon se détachent bien de la feuille antiadhésive, retourner sur la grille, puis continuer de déshydrater jusqu'à ce qu'il ne reste plus d'humidité.

Conserver dans un contenant hermétique dans un endroit frais et sec et à l'abri de la lumière.

Chips de kale

Pour cette recette, nous utilisons surtout du chou kale frisé, mais on peut aussi utiliser du chou lacinato.

1 botte de chou kale frisé

Assaisonnement

120 g (½ tasse) de tahini

60 ml (¼ tasse) d'huile d'olive

30 ml (2 c. à soupe) de sirop d'érable

15 ml (1 c. à soupe) de jus citron

5 g (½ c. à thé) de sel

Laver et essorer une botte de kale, enlever les tiges.

Mélanger les ingrédients de l'assaisonnement.

Bien couvrir chaque feuille de kale avec de l'assaisonnement. Vous pouvez mettre l'assaisonnement et le kale dans un bol et masser chaque feuille avec vos mains.

Dans le déshydrateur : étendre le kale sur les feuilles siliconées, puis mettre à 62 °C (145 °F) pour 1 h, puis à 42 °C (105 °F) pour environ 6 h.

Pour la conservation, mettre dans une boîte hermétique.

Craquelins aux amandes, tournesol et sarrasin au pavot

Donne environ
10 à 20 craquelins

100 g (¾ tasse) de sarrasin germé

140 g (1 tasse) d'amandes blanches

70 g (¼ tasse) de figues séchées

130 g (1 tasse) de graines de tournesol décortiquées

45 ml (3 c. à soupe) de jus de citron

15 ml (1 c. à soupe) d'huile de noix

Eau selon la consistance

1 pincée de sel

15 g (1 c. à soupe) de graines de pavot

Faire germer le sarrasin pendant 2 jours après un trempage de 12 h.

Faire tremper les amandes, les figues et les graines de tournesol pendant 12 h à l'eau claire, égoutter et rincer.

À l'aide d'un mélangeur, mixer en pâte homogène tous les ingrédients sauf le pavot, ajouter un peu d'eau si nécessaire.

Étaler une épaisseur de 3 mm (⅛ po) sur une feuille antiadhésive, parsemer de graines de pavot et déshydrater pendant 8 h à 62 °C (145 °F). Retourner les craquelins directement sur un grillage et laisser déshydrater 4 h.

Prétailler les craquelins d'un trait de couteau au début du séchage ou les casser à la taille voulue après déshydratation.

Conserver dans un récipient hermétique.

Cretons de noix

Donne environ 1 tasse

80 g (½ tasse) de noix de grenoble

**80 g (½ tasse) de graines
de tournesol trempées**

1 gousse d'ail

¼ d'oignon blanc

**15 ml (1 c. à soupe) de tamari
sans gluten**

1 pincée de piment d'Alep
(voir p. 339)

1 pincée de clou de girofle

2 ml (½ c. à thé) de cannelle

1 pincée de muscade

**15 ml (1 c. à soupe) d'huile
de canola biologique** (voir p. 339)

15 ml (1 c. à soupe) d'huile de coco

Combiner tous les ingrédients au mélangeur et mixer.

Bien gratter les bords du bol et mixer à nouveau jusqu'à obtenir une texture granuleuse de cretons.

Cretons de poulet sans gras

Donne environ 3 tasses

200 g (6 oz) d'aubergine

1 échalote

3 gousses d'ail

100 g (4 oz) de cajous

¼ d'oignon ciselé

500 g (1 lb) de poulet haché

6 g (1 c. à thé) de menthe

6 g (1 c. à thé) de thym

6 g (1 c. à thé) de romarin

3 g (½ c. à thé) de clou
de girofle moulu

6 g (1 c. à thé) d'origan

Piment d'Alep au goût (voir p. 339)

Sel de mer au goût

Cuire l'aubergine, l'échalote et l'ail à la vapeur
20 minutes.

Mélanger l'aubergine et les cajous dans
un mélangeur. Réduire en purée.

Cuire l'oignon quelques minutes à la vapeur
et mélanger tout le reste des ingrédients.

Remplir 1 ou 2 moules à terrine et cuire
à la vapeur.

Tartinade à la carotte, figue et coriandre

Donne environ 2 tasses

4 carottes

½ échalote française

15 ml (1 c. à soupe) de jus de citron

85 g (3 oz) de noix de cajou trempées 12 h

2 figues trempées 12 h

Sel de mer au goût

3 branches de coriandre hachées

Éplucher et couper les carottes ainsi que les échalotes en rondelles, cuire à la vapeur 15 minutes.

Dans un mélangeur, mixer les légumes cuits avec le jus de citron, les noix, les figues égouttées et le sel jusqu'à obtention d'une crème onctueuse.

Déposer dans un bol et ajouter la coriandre hachée.

Entrées

Crostinis de morilles, asperges et fleur d'ail

Pour 4 personnes

2 tranches de pain sans gluten

90 g (3 oz) de morilles

4 asperges

½ oignon rouge finement émincé

1 botte de persil haché

15 ml (1 c. à soupe) de fleur d'ail fermentée (voir p. 338)

Quelques feuilles de basilic émincées

Tailler les tranches de pain en 2 sans la croûte pour obtenir de beaux rectangles.

Badigeonner d'huile d'olive, cuire au four à 200 °C (390 °F) quelques minutes (intérieur moelleux, extérieur croustillant).

Nettoyer les morilles* à l'aide d'un pinceau et émincer. Trancher les asperges en biseau. Émincer les oignons finement. Faire sauter pendant 2 à 3 minutes tous ces ingrédients au wok avec de l'huile de sésame vierge. Bien cuire les morilles qui sont toxiques à cru.

Hors du feu, ajouter du persil et de la fleur d'ail fermentée.

Dresser les légumes sur les croûtons. Garnir de quelques petites feuilles de basilic.

En plat, on peut servir les champignons sur un pavé de tofu mariné au tamari et au carvi.

* Il est important de bien nettoyer les morilles car elles contiennent beaucoup de sable. Bien les brosser.

Blinis de sarrasin

Donne 15 à 20 blinis

160 g (1 ¼ tasse) de farine de sarrasin

Une pincée de sel

1 ml (¼ c. à thé) de bicarbonate de soude

2 œufs (jaunes et blancs séparés)

250 ml (1 tasse) de lait de soja ou d'amande

Crème à l'aneth

105 g (3,5 oz) de tofu soyeux

1 pincée de sel

60 ml (¼ tasse) d'eau

2 ml (½ c. à thé) d'agar-agar (voir p. 337)

65 ml (¼ tasse) de lait de soja

2 citrons bio (zeste et jus)

Aneth fraîche

Caviar d'algues kelp (voir p. 338) **ou œufs de poisson**

Dans un bol, verser la farine, le sel et le bicarbonate de soude.

Faire un puits et y verser les jaunes d'œufs. Incorporer doucement le lait végétal, mélanger à l'aide d'un fouet.

Monter les blancs en neige en fouettant, puis les incorporer au mélange précédent en pliant à l'aide d'une maryse (spatule) (en pliant, c'est-à-dire rabattre délicatement le dessous du mélange sur le dessus).

À l'aide d'une cuillère à soupe, déposer un peu du mélange à blinis dans une poêle antiadhésive en formant des petits disques et cuire à feu doux.

Laisser gonfler 2 à 3 minutes et retourner, puis cuire 1 ou 2 minutes.

Crème à l'aneth

Mixer le tofu soyeux et le sel au mélangeur.

Dans une casserole, porter l'eau et l'agar-agar à ébullition pendant 1 minute.

Mixer tous les ingrédients au mélangeur et laisser refroidir dans un contenant à température de la pièce. Le mélange va se figer grâce à l'agar-agar.

Repasser le tout au mélangeur pour obtenir une crème lisse.

Hacher un peu d'aneth et l'incorporer à la crème.

Service

Sur le blini, poser une cuillère de caviar d'algues kelp ou d'œufs de poisson. Garnir de la crème et décorer d'un brin d'aneth.

Salade tiède d'asperges et œufs pochés

Pour 4 personnes

20 g (1 ½ c. à soupe) de gingembre

2 oranges bio (zeste et jus)

15 g (1 c. à soupe) de graines de fenouil moulues

80 ml (⅓ tasse) d'huile d'amande

20 grosses asperges vertes

Environ 100 ml (3 oz) par portion de purée de céleri-rave (voir p. 309)

4 œufs pochés

1 jeune pousse d'épinette blanche (voir p. 339) **ou de coriandre (facultatif)**

Croûtons sans gluten

Préparer l'huile d'assaisonnement. Hacher le gingembre et réserver. Dans un récipient, zester l'orange à l'aide d'une râpe microplane et presser le jus, ajouter les graines de fenouil, le gingembre haché et l'huile d'amande, mélanger et réserver.

Casser la base fibreuse des asperges (réserver pour un potage ou composter). Faire de longs et fins copeaux à l'aide d'une mandoline ou d'un économe. Réserver.

Chauffer la purée de céleri-rave et réserver.

Porter une petite casserole d'eau à frémissement avec un tout petit peu de vinaigre. Casser 4 œufs dans 4 petits bols. À l'aide d'une cuillère à trous, créer un mouvement de tourbillon dans l'eau et verser délicatement un œuf au milieu. Laisser pocher 2 à 3 minutes. Le blanc doit être ferme et le jaune coulant. Réserver l'œuf. Répéter l'opération avec les autres œufs. (Pour réchauffer les œufs, garder l'eau et les y replonger 30 secondes.)

Cuire les copeaux d'asperges 1 à 2 minutes à la vapeur.

Garnir le fond d'une assiette d'un peu de purée de céleri-rave, poser les copeaux d'asperges dessus ainsi que l'œuf poché et arroser de l'huile d'assaisonnement.

Garnir de jeunes pousses d'épinette (ou de coriandre).

Ajouter des croûtons sans gluten pour du croustillant.

Taboulé méditerranéen au chou romanesco

1 botte de persil

125 g (4 oz) de tomates cerises

¼ d'oignon rouge

1 chou romanesco (ou brocoli)

60 g (2 oz) de graines de chanvre

Huile

3 gousses d'ail

30 ml (2 c. à soupe)
de jus de citron

65 ml (¼ tasse) d'huile d'olive

Sel de mer au goût

Hacher grossièrement le persil. Couper les tomates cerises en quartiers. Ciseler l'oignon rouge. Couper de très petits fleurons de chou romanesco. Mélanger tous ces ingrédients, ajouter le chanvre et assaisonner au goût avec l'huile.

Huile
Dans un bol, râper l'ail à l'aide d'une microplane et mélanger le reste des ingrédients.

Chou-fleur au chanvre

Pour 4 personnes

6 branches de thym citronné

1 botte de persil italien

15 g. (1 c. à soupe) de gingembre haché

20 g (0,75 oz) de chanvre écalé

80 ml (⅓ tasse) d'huile de chanvre bio

30 ml (2 c. à soupe) de tamari sans gluten

1 chou-fleur

125 g (4 oz) de noix de cajou concassées

Pousses de betterave (facultatif)

Huile d'assaisonnement

Effeuiller le thym et le hacher. Hacher le persil et le gingembre. Mélanger ces derniers avec le chanvre écalé, l'huile de chanvre et le tamari. Réserver.

Couper le chou-fleur en tranches de 1 à 2 cm (⅓ à ¾ po) d'épaisseur. Le cuire à la vapeur 5 à 10 minutes.

Concasser les noix de cajou.

Servir la tranche de chou-fleur dans l'assiette, arroser avec l'huile d'assaisonnement et ajouter quelques noix de cajou concassées. Vous pouvez aussi ajouter quelques jeunes pousses de betterave.

Salade d'algues aramé, chou rouge, shiitake et sésame

Pour 4 personnes

125 g (½ tasse) de shiitake (seulement le chapeau, émincé)

15 ml (1 c. à soupe) d'huile de sésame vierge (wok)

125 g (2 tasses) d'algues aramé

125 g (½ tasse) de chou rouge

125 g (½ tasse) de chou rouge lacto-fermenté

10 g (1 c. à thé) de sésame noir ou sésame blanc

Citronnette

45 ml (3 c. à soupe) de jus de citron

45 ml (3 c. à soupe) d'huile de sésame vierge

7 ml (½ c. à soupe) sept-épices japonais*

30 ml (2 c. à soupe) de tamari sans gluten

Faire sauter les shiitake au wok dans l'huile de sésame pendant 30 secondes. Éponger les shiitake sur un papier à main et refroidir.

Tremper les algues aramé dans l'eau pendant 2 h.

Émincer le chou rouge frais très finement.

Mélanger tous les ingrédients de la citronnette.

Combiner la citronnette avec tous les autres ingrédients.

* Le sept-épices japonais est un mélange composé de poivre de Sichuan, pelures d'orange, chili, graines de sésame blanc, varech, graines de sésame noir et graines de pavot.

Éperlans à la crème d'artichaut et gremolata au citron confit

Pour 4 personnes

12 éperlans frais

Crème d'artichaut (voir p. 277)

Gremolata au citron confit

1 botte de persil italien haché

1 citron bio confit (peau seulement)

5 ml (1 c. à thé) de fleur d'ail fermentée (voir p. 338)

Cuire les éperlans (vidés et têtes coupées) à la vapeur pendant environ 10 minutes.

Gremolata au citron confit

Hacher le persil italien et le citron confit. Mélanger le tout avec la fleur d'ail.

Déposer de la crème d'artichaut chaude au fond de l'assiette. Y ajouter les éperlans. Garnir de gremolata.

Vous pouvez aussi servir avec des croûtons sans gluten.

Filets de maquereau à la crème d'aubergine et salade de poivrons

Pour 4 personnes

4 filets de maquereau frais

Salade

2 poivrons jaunes

2 poivrons rouges

1 gousse d'ail

½ botte d'oignons verts

1 botte d'origan frais

Sel de mer au goût

50 ml (¼ tasse) d'huile d'olive

Crème

1 aubergine

3 gousses d'ail

3 échalotes

Sel de mer au goût

1 piment d'Alep au goût (voir p. 339)

1 citron (jus)

50 ml (¼ tasse) d'huile d'olive

Huile d'assaisonnement

90 g (3 oz) d'olives noires hachées

4 tomates séchées hachées

1 citron bio (zeste)

50 ml (¼ tasse) d'huile d'olive

Salade

Faire cuire les poivrons 40 minutes à la vapeur, passer à l'eau froide et enlever la peau à l'aide d'un couteau et en frottant avec les doigts.

Couper les poivrons en julienne et mélanger avec une gousse d'ail hachée, les oignons verts émincés, une partie de l'origan haché, du sel et l'huile d'olive.

Crème

Couper l'aubergine en morceaux, cuire à la vapeur avec 3 gousses d'ail et 3 échalotes pendant 20 minutes, puis placer dans un mélangeur et mixer avec le sel, le piment, le jus de citron et l'huile d'olive afin d'obtenir une crème lisse. Réserver au chaud.

Huile d'assaisonnement

Hacher les olives, les tomates séchées, 1 gousse d'ail, l'origan restant, le zeste de citron et l'huile d'olive.

Désarêter les maquereaux et cuire à la vapeur quelques minutes.

Servir la sauce à l'aubergine sur le fond de l'assiette, y placer la salade de poivrons, le filet de maquereau par-dessus et assaisonner de l'huile aux olives et tomates séchées.

Carpaccio de cerf rouge aux pistaches et à l'huile de pépins de courge

Pour 4 personnes

250 g (8 oz) de filet de cerf

Marinade

1 bâton de cannelle

¼ de noix de muscade

4 grains d'aulne crispé (poivre des dunes) (voir p. 337)

2 clous de girofle

30 ml (2 c. à soupe) de tamari sans gluten

1 citron (jus)

60 ml (¼ tasse) d'huile de noix

60 ml (¼ tasse) d'huile de pépins de courge

50 g (3 c. à soupe) de pistaches concassées

5 brins de romarin hachés

3 feuilles de sauge hachées

Garniture

Jeunes pousses de cresson

Broyer finement la cannelle, la noix de muscade, l'aulne crispé et les clous de girofle à l'aide d'un moulin à café.

Placer les épices dans un récipient et incorporer le tamari, le jus de citron, les huiles de noix et de pépins de courge, les pistaches et le romarin ainsi que la sauge hachée.

Mélanger le tout.

Trancher finement le cerf, le poser entre 2 feuilles de pellicule plastique et taper à l'aide d'une casserole. Retirer la pellicule plastique et étaler le carpaccio sur le fond de l'assiette, badigeonner de la marinade.

Garnir de croûtons sans gluten, de pousses de cresson ou de cresson régulier.

Servir frais.

Ceviche de légumes

Pour 4 personnes

5 carottes nantaises

1 navet rabiole

½ oignon rouge émincé finement

10 asperges en copeaux

1 fenouil émincé

2 radis en copeaux

Marinade

125 ml (½ tasse) de jus de lime

65 ml (¼ tasse) d'huile de sésame

1 lime bio (zeste)

**7 ml (1 ½ c. à thé) de graines
de coriandre moulues**

Une pincée de poivre de Cayenne

Sel de mer au goût

1 botte de coriandre émincée

Garniture

Cerfeuil

Avocat

Tailler tous les légumes en fins copeaux à l'aide d'une mandoline, d'un économe ou d'un couteau.

Mélanger tous les ingrédients de la marinade.

Mélanger les légumes avec la marinade, assaisonner de sel et ajouter un peu de poivre de Cayenne si désiré.

Laisser mariner au frais 20 minutes.

Tailler des quartiers d'avocat et placer dans l'assiette, poser le ceviche de légumes et garnir de cerfeuil ou de coriandre.

Salade de bar rayé sauvage mariné à la lime et au lait de coco

Pour 4 personnes

1 petit concombre

1 poivron rouge

2 oignons rouges moyens

2 tomates

2 carottes

1 piment d'Alep (voir p. 339)

1 pointe de gingembre râpé

Fleur de sel au goût

454 g (1 lb) de bar rayé sauvage*

5 limes (jus)

1 boîte de lait de coco de 473 ml (16 oz)

1 laitue iceberg

Graines de daïkon germées

Couper le concombre et le poivron en petits dés. Émincer finement l'oignon et le mettre à tremper dans l'eau 15 minutes pour l'adoucir. Couper les tomates en quartiers. Faire une fine julienne avec les carottes à l'aide d'une mandoline (ou les râper). Émincer des lanières de piment. Tout mettre dans un bol. Y râper le gingembre à l'aide d'une râpe microplane et assaisonner de fleur de sel.

Couper le bar rayé sauvage en fines lamelles et faire mariner au jus de lime pendant 10 minutes. L'ajouter au mélange précédent. Verser le lait de coco et mélanger délicatement.

Dans une assiette creuse, poser une feuille de laitue iceberg. Verser le mélange et garnir de graines de daïkon germées.

* Il est recommandé de congeler le poisson avant de l'utiliser dans le but de diminuer le nombre de micro-organismes et/ou larves que pourrait contenir la chair.

Tartare de bœuf à la fleur d'ail, olives Kalamata et estragon

Pour 4 personnes

125 ml (½ tasse) d'huile d'olive

10 olives Kalamata

5 ml (1 c. à soupe) de fleurs d'ail fermentée

½ botte d'estragon

4 tomates séchées

Maniguette au goût (voir p. 339)

1 citron bio (jus et zeste)

Sel de mer au goût

285 g (10 oz) de filet mignon de bœuf Highland*

Mesclun

Cerfeuil musqué

Graines germées de fenouil

Faire une marinade avec l'huile d'olive, les olives hachées, la fleur d'ail, l'estragon haché ainsi que les tomates séchées en brunoise, quelques tours de poivre de maniguette, le zeste de citron et le sel.

Hacher finement le bœuf au couteau, le mettre dans un récipient posé sur un autre récipient contenant de la glace pour garder la viande bien froide et l'assaisonner avec un peu de jus de citron et de marinade. Rectifier l'assaisonnement si nécessaire.

Dans une assiette, déposer un emporte-pièce et y placer le tartare afin de lui faire prendre la forme.

Garnir de mesclun et de graines germées.

Servir frais immédiatement.

* Le boeuf Highland est élevé naturellement, sans hormones de croissance ni antibiotiques et selon une méthode traditionnelle. La qualité nutritionnelle de ce bovin est nettement supérieure au boeuf conventionnel. La principale caractéristique du boeuf Highland est sa faible teneur en gras et en cholestérol. Le goût du boeuf Highland est plus sauvage.

Tartare de pétoncles, concombre et poivron au sésame

Pour 4 à 6 personnes

12 pétoncles surgelés ou très frais

60 g (2 oz) de concombre

60 g (2 oz) de poivron rouge

15 ml (1 c. à soupe) de ciboulette émincée

15 ml (1 c. à soupe) de jus de citron

30 ml (2 c. à soupe) d'huile de sésame vierge

Piment d'Alep au goût (voir p. 339)

Sel de mer au goût

5 ml (1 c. à thé) de sésame noir

Gelée

500 ml (2 tasses) d'eau

8 g (1 c. à soupe) de chaga (voir p. 338)

5 ml (1 c. à thé) de sirop d'érable

1 ml (¼ c. à thé) de vanille moulue

3 ml (½ c. à thé) d'agar-agar (voir p. 337)

Caviar d'algues kelp (voir p. 338) **ou œufs de poisson**

Retirer les petits nerfs des pétoncles et les jeter. Hacher les pétoncles. Réserver au frais dans un bol empilé sur un autre bol contenant de la glace.

Tailler les légumes : concombre en brunoise, poivron rouge pelé, en brunoise.

Pour peler le poivron : cuire à la vapeur 40 minutes, puis refroidir dans l'eau glacée. Retirer la peau à l'aide d'un couteau et de vos doigts. Ne garder que la chair. Jeter le pédoncule et les pépins du poivron.

Mélanger tous les ingrédients du tartare et assaisonner.

Servir le tartare dans une assiette à l'aide d'un emporte-pièce. Garnir de 15 ml (1 c. à soupe) de gelée de chaga, de 5 ml (1 c. à thé) de caviar d'algues kelp ou d'œufs de poisson, et d'une fine tige de ciboulette.

Gelée

Porter l'eau et le chaga à ébullition 1 minute, puis infuser à feu très doux 4 à 5 h, puis passer au tamis pour retirer le chaga.

Le même chaga peut être réutilisé 2 à 3 fois.

Ajouter le sirop d'érable, la vanille et l'agar-agar et porter à ébullition 1 minute.

Verser dans un récipient pour avoir une gelée d'une épaisseur de 1 cm (⅓ po).

Laisser figer à la température de la pièce.

Tailler des cubes.

Salades

Salade de quinoa et lentilles à la menthe sauvage

Pour 4 personnes

100 g (1 tasse) de lentilles verte du Puy

150 g (1 tasse) de quinoa*

Eau au besoin

1 poivron jaune

1 échalote

5 ml (1 c. à thé) de fleur d'ail fermentée (voir p. 338)

10 g (2 c. à soupe) de menthe sauvage fraîche hachée

10 g (2 c. à soupe) de persil italien haché

Sel de mer au goût

Piment d'Alep au goût (voir p. 339)

60 ml (¼ tasse) d'huile d'olive

30 ml (2 c. à soupe) de jus de citron

Cuire les lentilles à la vapeur environ 30 minutes avec un peu d'eau. Égoutter.

Bien rincer le quinoa et le cuire à la vapeur environ 20 minutes avec un peu d'eau. Égoutter.

Tailler le poivron en brunoise et ciseler l'échalote.

Hacher les herbes.

Mélanger tous les ingrédients avec le jus de citron et l'huile d'olive, puis assaisonner au goût.

* Il est important de rincer le quinoa à grande eau afin d'éliminer tout résidu de saponine qui risquerait de donner un goût amer au plat.

Salade de sarrasin et pois chiche

Pour 4 personnes

250 g (2 tasses) de sarrasin trempé 12 h et rincé

250 g (2 tasses) de pois chiche trempés 12 h et rincés

1 poivron rouge

½ oignon rouge

1 botte de persil italien

2 gousses d'ail

1 citron (jus)

60 ml (¼ tasse) d'huile d'olive

Sel de mer au goût

Piment d'Alep au goût (voir p. 339)

Cuire le sarrasin avec un peu d'eau environ 15 minutes à la vapeur. Égoutter.

Cuire les pois chiche avec un peu d'eau environ 30 à 45 minutes à la vapeur. Égoutter.

Tailler le poivron rouge en brunoise. Ciseler l'oignon rouge. Hacher le persil.

Mélanger tous les ingrédients avec l'ail, le jus de citron et l'huile d'olive et assaisonner.

Salade de roquette, baies de goji et pacanes

Pour 4 personnes

4 c. à soupe (50 g) de baies de goji réhydratées

4 c. à soupe (50 g) de pacanes

300 g (8 tasses) de bébé roquette

60 ml (¼ tasse) d'huile d'olive

1 ½ citron (jus)

Sel de mer au goût

Piment d'Alep au goût (voir p. 339)

Faire tremper les baies de goji pendant 1 h dans l'eau pour les réhydrater.

Hacher grossièrement les pacanes au couteau.

Mélanger tous les ingrédients et assaisonner.

Suggestion
Il est facile de remplacer les baies de goji par des canneberges ou autres petits fruits acidulés.

Salade de betteraves et chou rouge lacto-fermenté

Pour 4 personnes

500 ml (2 tasses) de chou rouge lacto-fermenté (ou chou frais)

500 ml (2 tasses) de betteraves rouges crues

60 ml (¼ tasse) d'huile de sésame vierge

15 ml (1 c. à soupe) de miel

30 ml (2 c. à soupe) de jus de citron

Coriandre fraîche au goût

Sel de mer au goût

Piment d'Alep au goût (voir p. 339)

Utiliser du chou rouge lacto-fermenté ou du chou frais finement émincé ou râpé.

Faire une fine julienne de betteraves rouges à l'aide d'une mandoline.

Mélanger le chou et la betterave. Assaisonner d'huile, de miel et de jus de citron.

Hacher la coriandre et mélanger dans la salade.

Assaisonner de sel et de piment d'Alep au goût.

Salade de haricots jaunes au chanvre et aux boutons de marguerites

500 g (1 lb) de haricots jaunes

1 oignon rouge trempé

30 g (3 c. à soupe) de boutons de marguerites* marinés ou de câpres

1 botte de persil italien

60 ml (¼ tasse) d'huile de chanvre

30 ml (2 c. à soupe) de jus de citron

30 g (3 c. à soupe) de chanvre écalé

Sel de mer au goût

Piment d'Alep au goût (voir p. 339)

Équeuter et cuire les haricots jaunes à la vapeur environ 15 minutes.

Faire tremper l'oignon rouge émincé finement pendant 15 à 30 minutes dans de l'eau pour l'adoucir.

Essorer et hacher grossièrement les boutons de marguerites (ou les câpres).

Hacher le persil.

Mélanger tous les ingrédients et assaisonner.

* Les boutons de marguerite remplacent à merveille les câpres et la ressource est abondante au Québec.

Salade de radis daïkon, concombre et radis à la crème de tofu et fleur d'ail

1 daïkon

1 concombre

Sel de mer au goût

½ botte d'aneth

16 radis

½ citron (jus)

30 ml (2 c. à soupe) d'huile d'olive

Crème de tofu

454 g (1 lb) de tofu ferme

1 citron (jus)

Sel de mer au goût

Eau

125 ml (½ tasse) d'huile d'olive

5 g (1 c. à thé) de baies roses

15 ml (1 c. à soupe) de fleur d'ail fermentée (voir p. 338)

125 g (4 oz) d'olives noires Kalamata dénoyautées

Garniture

Cresson

Pousses de radis et de fenouil

Dans un mélangeur, mixer le tofu avec le jus de citron, le sel, l'eau, l'huile d'olive jusqu'à l'obtention d'une crème lisse et moyennement épaisse.

Mettre la crème dans un bol et ajouter les baies roses hachées, la fleur d'ail et les olives hachées. Rectifier l'assaisonnement.

À l'aide d'une mandoline, faire une fine julienne de daïkon et de concombre, dégorger quelques minutes avec un peu de sel et presser pour extraire l'eau.

Mélanger avec l'aneth haché, des rondelles fines de radis, du jus de citron et un peu d'huile d'olive.

Dans une assiette, mettre un fond de sauce au tofu, placer la salade de radis par-dessus et garnir de branches de cresson et de pousses de fenouil et de radis.

Salade de verdures potagères, sauce crue aux carottes et noix de pacanes au sirop d'érable

CRU

Pour 4 à 6 personnes

Verdure

1 botte de cresson

Quelques feuilles de cerfeuil

Quelques feuilles de raddichio

Quelques jeunes pousses de radis

Quelques fleurs comestibles de saison

Sauce crue

3 carottes moyennes

120 g (4 oz) de noix de pacane trempées pendant 12 h

½ citron bio (jus et zeste)

½ orange bio (jus et zeste)

7 ml (½ c. à soupe) d'huile de noix

7 ml (½ c. à soupe) de tamari sans gluten

Eau

7 ml (½ c. à soupe) de sirop d'érable

½ botte de menthe

2 oignons verts émincés

Citronnette

30 ml (2 c. à soupe) d'huile de noix

½ citron bio (jus et zeste)

½ orange bio (jus et zeste)

7 ml (½ c. à soupe) de tamari sans gluten

Pour la sauce, râper les carottes et mixer dans un mélangeur avec les pacanes égouttées, le jus et zeste de citron, le jus et zeste d'orange, l'huile de noix, le tamari, le sirop d'érable et un peu d'eau afin d'obtenir une crème lisse et onctueuse.

Verser dans un bol et mélanger avec la menthe hachée et les oignons verts émincés.

Préparer la citronnette. Mélanger l'huile de noix, les jus et zestes de citron et d'orange et le tamari.

Dans une assiette, verser un fond de sauce, disposer les différentes verdures par-dessus et assaisonner le tout avec la citronnette.

Suggestion
Variez tant que vous le voulez les verdures et les pousses. Vous pouvez même y ajouter quelques très fins copeaux de légumes faits avec une mandoline asiatique.

Salade César à notre façon

<u>Pour 6 à 8 personnes</u>

3 gousses d'ail

60 ml (¼ tasse) de jus de citron

**30 ml (2 c. à soupe) de tamari
sans gluten**

**5 ml (1 c. à thé) de graines
de moutarde brune moulues**

500 g (17 oz) de tofu soyeux

15 filets d'anchois en conserve

80 ml (⅓ tasse) d'huile d'olive

125 ml (½ tasse) de câpres

Quelques feuilles de laitue romaine

Quelques croûtons sans gluten

Dans un mélangeur, mixer l'ail, le citron, le tamari, les graines de moutarde, le tofu, les anchois et l'huile d'olive incorporée en filet.

Mélanger la quantité de vinaigrette à la laitue romaine selon vos préférences.

Ajouter des câpres (ou boutons de marguerite) et des croûtons faits de pain sans gluten.

Salade de pois chiche, fèves édamame, poivron, ail, piment d'Alep et crème de noix au basilic

90 g (3 oz) de pois chiche germés

90 g (3 oz) de fèves édamames

Huile d'assaisonnement

2 gousses d'ail hachées

½ botte de coriandre hachée

1 poivron en brunoise
(voir p. 338)

Piment d'Alep au goût

60 ml (¼ tasse) d'huile d'olive

1 citron bio (zeste)

Cuire légèrement les pois chiche à la vapeur 10 minutes.

Mélanger les fèves édamames avec les pois chiche et assaisonner d'huile.

Huile d'assaisonnement

Tailler et hacher les ingrédients et simplement combiner.

Soupes et potages crus

Soupe à l'oignon

<u>Pour 6 à 8 personnes</u>

1 oignon blanc émincé

2 gousses d'ail hachée

2 l (8 tasses) d'eau

180 ml (¾ tasse) de tamari sans gluten

125 ml (½ tasse) de vin rouge

5 ml (1 c. à thé) de piment d'Alep
(voir p. 339)

3 pincées de clou de girofle

3 pincées de cumin moulu

1 oignon vert émincé

Porter à frémissement tous les ingrédients pendant 1 à 2 h sauf l'oignon vert.

Servir avec un peu d'oignon vert émincé sur le dessus.

Soupe chaude de lentilles, oignons rouges et tomates séchées au cumin et fenouil

200 g (1 tasse) de lentilles germées

4 oignons rouges

½ céleri-rave

3 gousses d'ail

80 g (½ tasse) de tomates séchées trempées 12 h

6 g (1 c. à thé) de cumin moulu

6 g (1 c. à thé) de graines de fenouil moulues

Piment d'Alep au goût (voir p. 339)

15 ml (1 c. à soupe) de tamari sans gluten

60 ml (¼ tasse) d'huile d'olive

Eau au besoin

Garniture

Feuilles de coriandre fraîches

1 poivron rouge en dés

Cuire les lentilles germées 10 minutes à la vapeur pour ne pas altérer les vitamines.

Éplucher et tailler les oignons rouges, le céleri-rave et l'ail en morceaux. Cuire le tout à la vapeur avec les tomates séchées.

À l'aide d'un mélangeur, mixer les lentilles avec les légumes, les tomates, le cumin, le fenouil, le piment, le tamari, l'huile d'olive et ajouter l'eau suivant la consistance.

Verser dans les bols et garnir de feuilles de coriandre et de dés de poivron. Servir chaud.

Potage d'avocats, lime et coriandre

CRU

Pour 4 à 6 personnes

3 avocats

60 ml (¼ tasse) d'oignon coupé
en tranches

60 ml (¼ tasse) de poivron jaune

30 ml (2 c. à soupe) de jus de lime

1 gousse d'ail

6 g (1 c. à thé) de thym frais

250 ml (1 tasse) d'eau

Sel de mer au goût

7 ml (½ c. à soupe) d'huile d'olive

Quelques pousses de coriandre

Dans un mélangeur, mixer l'avocat, l'oignon, le poivron, le jus de lime, l'ail, le thym et l'eau jusqu'à une consistance crémeuse.

Ajouter le sel selon le goût et un filet d'huile d'olive.

Mettre dans un bol et garnir de pousses de coriandre.

Potage de cresson, épinards et avocats à la coriandre

CRU

Pour 2 à 4 personnes

1 botte de cresson

150 g (¾ tasse) de jeunes épinards

2 avocats

1 gousse d'ail

1 citron (jus)

½ botte de coriandre

Eau au besoin

Sel de mer au goût

1 filet d'huile d'olive

4 tomates séchées hachées

50 g (1 c. à soupe) de graines de courge

Quelques germes de luzerne

Dans un mélangeur, mettre le cresson, les épinards, la chair des avocats, l'ail, le jus de citron, la coriandre et l'eau jusqu'à une consistance crémeuse.

Ajouter le sel selon le goût et le filet d'huile d'olive.

Mettre dans un bol et garnir de tomates séchées, de graines de courge et de germes de luzerne.

Potage de tomates, poivrons, noix de cajou et basilic

CRU

Pour 4 à 6 personnes

5 tomates moyennes

2 poivrons rouges

113 g (4 oz) de noix de cajou trempées pendant 12 h

1 fenouil

1 citron (jus)

2 gousses d'ail

1 filet d'huile d'olive

Sel de mer au goût

6 g (1 c. à thé) de paprika

8 feuilles de basilic

50 g (¼ tasse) de graines de sésame blanc

Monder les tomates selon la technique dans la recette de la piperade (voir p. 290).

Nettoyer les poivrons, enlever la queue et les pépins.

Mettre la chair et les pépins de 4 tomates dans le mélangeur, ajouter le poivron, les noix de cajou rincées et égouttées, le fenouil émincé, le citron, l'ail, mixer et ajouter le filet d'huile d'olive, le sel et le paprika selon le goût.

Verser dans un bol à soupe et garnir de tomates en dés, de feuilles de basilic finement émincées, parsemer de graines de sésame.

Potage de concombre, céleri et avocat aux algues goémon

CRU

Pour 4 à 6 personnes

1 concombre

2 branches de céleri

1 avocat

½ botte de persil

1 gousse d'ail

1 citron (jus)

Environ 125 ml (½ tasse) d'eau

Sel de mer au goût

Piment d'Alep au goût (voir p. 339)

1 filet d'huile de chanvre

1 bulbe de fenouil

15 g (2 c. à soupe) d'algues goémon

½ poivron rouge en julienne

Laver les légumes.

Couper le concombre en deux dans le sens de la longueur, épépiner et émincer.

Enlever les fibres du céleri et émincer.

Déposer dans un mélangeur les légumes, la chair de l'avocat, le persil, l'ail, un peu de jus de citron, l'eau et mixer.

Ajouter le sel, le piment d'Alep et l'huile de chanvre, mixer jusqu'à l'obtention d'une consistance lisse et légèrement crémeuse.

Rectifier l'assaisonnement et verser dans un bol à soupe.

Garnir de fenouil finement émincé et légèrement citronné, d'une julienne de poivron rouge et parsemer d'algues goémon.

Potage de betteraves rouges, carottes et chou-rave aux amandes

CRU

Pour 6 à 8 personnes

2 betteraves rouges moyennes

3 carottes moyennes

⅙ de chou-rave

113 g (4 oz) d'amandes blanches trempées pendant 12 h

1 citron (jus)

Eau en quantité suffisante

1 filet d'huile d'olive

30 ml (2 c. à soupe) de tamari sans gluten

Garniture

1 carotte râpée

50 g (¼ tasse) de germes de luzerne

50 g (¼ tasse) de graines de courge

Laver et couper les betteraves, les carottes et le chou en petits morceaux, placer dans le mélangeur et ajouter les amandes égouttées, le jus de citron, l'eau, l'huile d'olive et le tamari.

Mixer jusqu'à consistance mi-liquide et crémeuse en ajoutant de l'eau si nécessaire. Rectifier l'assaisonnement.

Verser dans un bol et garnir de carotte râpée, de graines de luzerne et parsemer de graines de courge.

Servir frais.

Potage de chou-fleur, brocoli et avocat aux graines de chanvre

CRU

Pour 6 à 8 personnes

1 petit chou-fleur

1 tête de brocoli

1 ½ avocat

1 citron (jus)

1 filet d'huile d'avocat

1 bâton de citronnelle

Eau en quantité suffisante, selon la consistance

Garniture

1 poivron rouge en brunoise (voir p. 338)

2 oignons verts émincés

20 g (2 c. à soupe) de graines de radis germées

20 g (2 c. à soupe) de graines de chanvre

Laver les légumes. Couper le chou-fleur et le brocoli en petits morceaux.

Dans un mélangeur, mixer le chou-fleur et le brocoli avec la chair d'avocat, le jus de citron, l'huile d'avocat, le bâton de citronnelle haché ainsi que l'eau, jusqu'à l'obtention d'une consistance crémeuse. Rectifier l'assaisonnement.

Verser dans un bol et garnir de poivrons en brunoise, d'oignons verts, de graines de radis germées et parsemer de graines de chanvre.

Servir frais.

Plats végétariens

Crêpes à la farine de gourgane* farcies au tofu et champignons

Pour 6 à 8 personnes

3 œufs

310 ml (1 ¼ tasse)
de lait de soja non sucré

100 g (¾ tasse)
de farine de gourgane

Une pincée de curcuma

4 tiges de ciboulette
émincées finement

30 ml (2 c. à soupe)
d'huile d'olive

Farce

6 oz (170 g) de shiitake

6 oz (170 g) de pleurotes

1 gousse d'ail hachée finement

250 ml (1 tasse)
d'épinards crus émincés

2 tiges d'oignon vert émincées

1 botte de persil haché

454 g (1 lb) de tofu ferme
haché finement

30 ml (2 c. à soupe)
de crème de chou-fleur
(voir p. 271)

Piment d'Alep au goût (voir p. 339)

Crêpes

Mélanger les œufs et le lait de soja dans la farine de gourgane. Passer au tamis pour enlever les grumeaux.

Mélanger le curcuma, la ciboulette et l'huile d'olive.

Chauffer une petite poêle antiadhésive à feu moyen-fort.

Faire des crêpes fines avec de la dentelle autour en tournant la poêle pour bien étaler rapidement le mélange.

Réserver avec une feuille de papier parchemin entre chaque crêpe.

Farce

Retirer les pieds des shiitakes et émincer les chapeaux (conserver les pieds pour faire un bouillon, ou composter). Déchirer finement les pleurotes.

Faire sauter les champignons au wok 1 minute dans l'huile de sésame bien chaude. Fermer le feu et ajouter l'ail, l'épinard, l'oignon vert et le persil. Bien mélanger pour faire tomber un peu l'épinard.

Ajouter le tofu et la crème de chou-fleur.

Réserver.

Crème de chou-fleur
(1 litre [4 tasses])

1 chou-fleur

250 ml (1 tasse) de noix de cajou trempées 12 h et rincées

2 citrons (jus)

1 gousse d'ail

7 ml (½ c. à soupe) d'huile d'olive

125 ml (½ tasse) d'eau

Muscade au goût

Huile de maniguette

80 ml (⅓ tasse) d'huile d'olive

15 ml (1 c. à soupe) de maniguette concassé (ou poivre noir)

1 pincée de curcuma

Crème de chou-fleur

Couper le chou-fleur en morceaux et cuire avec l'ail à la vapeur 20 minutes.

Dans le bol d'un mélangeur, réduire en purée lisse avec l'eau et les noix en assaisonnant avec le jus de citron, l'huile d'olive, et au goût, râper de la noix de muscade.

Pour l'huile de maniguette, simplement mélanger les ingrédients.

Service

Farcir les crêpes puis chauffer à la vapeur. Poser les crêpes dans les assiettes. Déposer de la crème de chou-fleur sur la crêpe et garnir de petits légumes cuits vapeur. Arroser d'une cuillère à soupe d'huile de maniguette.

* La crêpe à la farine de gourgane est un classique à la table du Spa Eastman. Ce qui est bien, c'est que l'on peut la varier selon les arrivages et les saisons.

À l'automne, changer les pleurotes et les shiitakes pour des champignons sauvages frais; chanterelles, champignons homard, pieds de mouton, bolets...

Tofu mariné au miso et à l'ail noir, wok de champignons variés

Pour 4 personnes

2 bâtons de citronnelle hachée

125 g (4 oz) de gingembre haché

60 ml (¼ tasse) de miso

125 ml (½ tasse) de mirin

1 tête d'ail noir
(voir p. 337)

250 ml (1 tasse) d'eau

1 paquet (450 g) de tofu ferme

60 g (2 oz) de pleurotes

60 g (2 oz) de shiitake

60 g (2 oz) d'armillaires de miel

60 g (2 oz) de pignons de pin

1 botte de ciboulette émincée

Sauce de courgettes

1 oignon blanc

3 courgettes vertes

60 g (2 oz) de noix de cajou

1 citron (jus)

60 ml (¼ tasse) d'huile d'olive

Huile de sésame au besoin

**Julienne de légumes de votre choix
(carotte, oignon, courgette, céleri)**

Croûtons de pain sans gluten

Préparer la marinade : dans un mélangeur, mixer la citronnelle, le gingembre, le miso, le mirin, l'ail noir et l'eau.

Trancher le tofu en 4 à 6 tranches et laisser mariner au moins 1 journée.

Émincer les champignons. Réserver.

Rôtir les pignons de pin légèrement à la poêle à sec. Réserver.

Émincer la ciboulette. Réserver.

Chauffer le tofu à la vapeur. Faire sauter les champignons au wok 1 minute dans l'huile de sésame bien chaude et finir avec la ciboulette.

Sauce de courgettes
Cuire les légumes à la vapeur 20 à 30 minutes et mixer au mélangeur avec les noix de cajou, le jus de citron et l'huile d'olive.

Service
Couler la sauce au fond de l'assiette, y poser la julienne de légumes chaude.

Y déposer une tranche de tofu et les champignons, garnir de noix de pin et de croûtons de pain sans gluten.

Cari de millet au tofu

<u>Pour 4 personnes</u>

250 ml (1 tasse) de millet

500 ml (2 tasses) de lait de coco

2 carottes

2 oignons rouges

6 poivrons rouges

1 céleri

4 gousses d'ail

250 g (8 oz) de tofu ferme

1 botte de coriandre fraîche hachée

30 g (1 oz) de cari de Madras

30 g (1 oz) de graines de fenouil

15 g (0,5 oz) de graines de coriandre

Piment d'Alep au goût (voir p. 339)

Sel de mer au goût

3 citrons (jus)

Faire tremper le millet pendant 12 h.

Cuire le millet dans son eau de trempage et le lait de coco.

Tailler en dés la carotte, l'oignon, le poivron, le céleri et hacher l'ail.

Cuire tous les légumes à la vapeur séparément.

Couper le tofu en dés.

Tout mettre dans le chaudron de millet cuit.

Assaisonner avec les épices moulues, la coriandre fraîche et le jus de citron.

Aubergines farcies aux pois chiche, noix de Grenoble et citron confit

2 petites aubergines (ou 1 grosse) en tranches

180 g (6 oz) de pois chiche trempés 12 h dans l'eau et cuits 45 min-1 h

90 g (3 oz) de graines de tournesol trempées 12 h

2 carottes

2 branches de céleri

1 oignon rouge

½ citron bio confit

½ botte de menthe

½ botte de basilic

½ botte d'origan

180 g (6 oz) de noix de Grenoble hachées au couteau

Sel et piment d'Alep (voir p. 339) **au goût**

Sauce aux poivrons

6 poivrons rouges

2 échalotes

180 g (6 oz) de noix de cajou trempées

30 ml (2 c. à soupe) de jus de citron

80 ml (⅓ tasse) d'huile d'olive

Sel de mer et piment d'Alep au goût

20 g (0,7 oz) de paprika

Croûtons de pain sans gluten

Détailler 4 à 6 tranches moyennes dans les aubergines et cuire à la vapeur. Couper en morceaux ce qui reste et cuire à la vapeur.

Cuire les pois chiche à la vapeur en les recouvrant d'eau pendant 45 minutes à 1 h.

Faire une purée avec les parures d'aubergine, les pois chiche et le tournesol.

Tailler les carottes, le céleri et l'oignon rouge en brunoise et cuire à la vapeur.

Hacher le citron confit en brunoise.

Hacher les herbes.

Dans un cul de poule, mélanger les légumes, les herbes, le citron, les noix et la purée.

Assaisonner et farcir les aubergines de cet appareil en formant des roulades.

Sauce aux poivrons

Cuire les poivrons et les échalotes.

Mixer au mélangeur avec les noix de cajou et assaisonner.

Feuilles de vigne au riz, amarante et lentilles germées

Pour 4 personnes

70 g (⅓ tasse) d'amarante + eau

70 g (⅓ tasse) de lentilles vertes germées cuites

70 g (⅓ tasse) de riz complet cuit

1 grosse betterave jaune cuite, en petits dés

2 capsules de cardamome (graines) hachées

Piment d'Alep au goût (voir p. 339)

½ botte d'estragon haché

1 gousse d'ail hachée

½ botte d'origan haché

45 ml (3 c. à soupe) d'huile d'olive

Sel de mer au goût

4 feuilles de vigne

4 feuilles de riz

Faire cuire l'amarante non trempée avec le même volume d'eau pendant 1 h à la vapeur.

Faire cuire les lentilles germées 5 à 10 minutes à la vapeur.

Mélanger tous les ingrédients. Rectifier l'assaisonnement.

Tremper les feuilles de riz dans de l'eau tiède quelques secondes pour les assouplir. Blanchir les feuilles de vigne fraîches 2 minutes à la vapeur.

Rouler la garniture dans les feuilles de riz, puis dans les feuilles de vigne. Réserver.

Crème d'artichaut

10 petits artichauts

4 échalotes

6 gousses d'ail

180 ml (⅔ tasse) d'huile d'olive

1 citron (jus)

Sel de mer au goût

Piment d'Alep au goût (voir p. 339)

Eau au besoin

Huile de pépins de courge au besoin

Estragon

Origan

Crème

Tourner préalablement les artichauts (tourner autour du cœur à l'aide d'un couteau afin de débarrasser le cœur d'un maximum de feuilles), citronner et cuire à la vapeur (vérifier la cuisson selon la grosseur).

La recette peut aussi être réalisée avec des cœurs d'artichauts surgelés (si vous n'êtes pas à l'aise pour tourner les artichauts frais).

Enlever toutes les parties non comestibles (feuilles et foin). Réserver 2 cœurs d'artichaut.

Cuire de nouveau les 8 cœurs d'artichaut avec les échalotes et l'ail pendant 15 minutes.

Mixer le tout à l'aide d'un mélangeur haute vitesse, monter à l'huile d'olive et assaisonner de jus de citron, de sel et d'une pincée de piment d'Alep, ajouter un peu d'eau si nécessaire afin d'obtenir une consistance crémeuse.

Service

Prenez les 2 cœurs d'artichaut réservés et couper en quartiers, chauffer avec les rouleaux à la vapeur. Dans une assiette, servir la crème, poser quelques légumes de votre choix au fond, poser le rouleau et garnir de 2 quartiers d'artichaut. Arroser d'un filet d'huile de pépins de courge. Garnir avec de l'estragon ou de l'origan.

Salade tiède de riz sauvage, lentilles corail et courgettes

Pour 4 personnes

750 g (1,5 lb) de riz sauvage

250 g (8 oz) de riz complet

250 g (8 oz) de lentilles corail

2 courgettes vertes

2 courgettes jaunes

1 fenouil

2 poivrons rouges

2 oignons rouges

½ botte de persil plat haché

½ botte de coriandre hachée

3 ml (½ c. à thé) de piment d'Alep
(voir p. 339)

160 ml (⅔ tasse) d'huile d'olive

4 gousses d'ail hachées

1 citron bio (zeste)

Sel de mer au goût

Faire tremper séparément le riz sauvage, le riz complet et les lentilles corail 12 h à l'eau claire.

Rincer les trempages à l'eau froide.

Cuire le riz sauvage 2 h à la vapeur dans un récipient avec un fond d'eau.

Cuire le riz complet à la casserole avec son volume en eau, jusqu'à complète évaporation.

Cuire les lentilles à la vapeur pendant 15 minutes.

Couper les courgettes, le fenouil, les poivrons et les oignons rouges en petits dés de 1 cm (⅓ po).

Passer l'ensemble des légumes 5 minutes à la vapeur.

Mélanger tous les ingrédients avec le riz et les lentilles égouttées et rectifier l'assaisonnement.

Servir tiède.

Riz complet et haricots rouges aux courgettes et au paprika

250 g (8 oz) de haricots rouges

1 kg (2 lb) de riz complet

5 courgettes vertes

2 courgettes jaunes

3 poivrons rouges

3 gros oignons rouges

5 gousses d'ail hachées

60 g (2 oz) de paprika

½ botte de persil haché

Piment d'Alep au goût (voir p. 339)

60 g (2 oz) de graines de pavot

160 ml (⅔ tasse) d'huile d'olive

Tamari sans gluten au goût

Faire tremper les haricots rouges 48 h dans l'eau, rincer et mettre dans un bol avec de l'eau à niveau et cuire à la vapeur pendant 1 à 2 h.

Cuire le riz à l'eau salée dans une casserole pendant 45 minutes.

Couper les courgettes, les poivrons et les oignons rouges en dés et cuire 5 à 10 minutes à la vapeur.

Égoutter les haricots rouges, les mélanger au riz et aux légumes et ajouter les autres ingrédients.

Mélanger et rectifier l'assaisonnement.

Étagé de courgettes, d'aubergine, de poivrons et de tomates séchées

3 poivrons

2 courgettes vertes

2 courgettes jaunes

1 aubergine

Salade de pois chiche et édamames (voir p. 257)

Purée de tomates séchées

90 g (3 oz) de tomates séchées

80 ml (⅓ tasse) d'eau

5 gousses d'ail

60 ml (¼ tasse) d'huile d'olive

Sauce au basilic

1 botte de basilic frais

90 g (3 oz) de noix de cajou trempées 12 h et rincées

65 ml (¼ tasse) d'huile d'olive

65 ml (¼ tasse) d'eau

Étagé

Cuire les poivrons entiers à la vapeur environ 40 minutes, les vider et en retirer la peau.

Trancher les courgettes et l'aubergine en rondelles et les blanchir à la vapeur quelques minutes.

Dans des emporte-pièce, monter les légumes en étagé avec une fine couche de purée de tomates entre chaque étage. Réserver les étagés dans les emporte-pièce.

Purée

Mixer les ingrédients au mélangeur jusqu'à consistance lisse.

Sauce au basilic

Mixer dans un mélangeur jusqu'à consistance lisse.

Service

Chauffer quelques minutes les étagés à la vapeur. Former un rond au fond de l'assiette avec la sauce au basilic à la température de la pièce.

Y déposer les étagés et retirer l'emporte-pièce.

Garnir de salade de pois chiche et édamames.

Ajouter quelques feuilles de basilic et servir.

Spaghetti de courgettes sauce Alfredo

CRU

Pour 4 personnes

2 courgettes vertes

1 courgette jaune

200 g (1 ½ tasse) de noix de cajou trempées 12 h

1 citron (jus)

60 ml (¼ tasse) d'huile d'olive

2 gousses d'ail

Sel de mer au goût

Muscade au goût

½ botte de persil haché

12 tomates cerises en quartiers

½ concombre en petits dés

12 olives noires en rondelles

12 feuilles de basilic

Faire des spaghettis avec les courgettes à l'aide d'une mandoline, sans utiliser le cœur. Conserver et utiliser les cœurs dans un potage.

Pour la sauce, mixer au mélangeur les noix de cajou rincées et égouttées, le jus de citron, l'huile d'olive, l'ail, le sel, la muscade et ajouter de l'eau suivant la consistance désirée.

Mélanger les spaghettis de courgettes à la sauce et ajouter le persil haché. Rectifier l'assaisonnement si nécessaire.

Placer le mélange en dôme sur une assiette et garnir de tomates cerises, de dés de concombre, d'olives noires et de feuilles de basilic.

Nouilles de kelp au tamarin et gingembre

CRU

Pour 4 personnes

480 g (1 lb) de nouilles de kelp à base d'algues (ou vermicelles de riz cuit)

120 g (4 oz) de noix de cajou trempées 12 h

1 lime en quartiers

Sauce

180 g (6 oz) de pâte de tamarin

65 ml (¼ tasse) de tamari sans gluten

2 gousses d'ail

30 g (1 oz) de gingembre

80 ml (⅓ tasse) de miel de trèfle

125 ml (½ tasse) d'huile de sésame

Piment d'Alep au goût (voir p. 339)

375 ml (1 ½ tasse) d'eau

Mélange de légumes

2 carottes

120 g (4 oz) de pois mange-tout

½ daïkon (radis long)

2 courgettes vertes

1 oignon rouge

½ botte d'oignons verts

1 tête de brocoli

1 bouquet de coriandre

Tiédir la pâte de tamarin dans l'eau environ 30 minutes. Mixer lentement au mélangeur et à l'aide d'un tamis, récupérer la pulpe. Il est aussi possible d'acheter une pâte de tamarin que vous n'aurez pas à tamiser.

Dans un récipient et à l'aide d'un fouet, mélanger la pulpe de tamarin avec le tamari, l'ail et le gingembre finement haché, le miel de trèfle, l'huile de sésame et le piment. Réserver.

Préparer en fine julienne les carottes, les pois mange-tout, le daïkon et les courgettes.

Éplucher et émincer finement l'oignon rouge, ciseler l'oignon vert et couper de petits fleurons de brocoli.

Mélanger tous les légumes avec les nouilles et ajouter la sauce selon le goût.

Servir avec des noix de cajou et les quartiers de lime puis garnir de coriandre fraîche.

Plats de poisson

Saumon sauvage à la sauce béarnaise végétale

Pour 4 personnes

140 g (5 oz) par portion
de saumon sauvage royal
ou saumon d'élevage bio

Sel de mer au goût

Piment d'Alep au goût (voir p. 339)

Salsa vierge de citron confit

2 branches de céleri

2 poivrons rouges et jaunes

1 citron bio confit*

2 tiges d'oignon vert

15 g (0,5 oz) de sésame
blanc et noir

80 ml (⅓ tasse) d'huile d'olive

Chiffonnade

⅛ de chou vert

1 fenouil

20 pleurotes

Persil haché au goût

Huile d'olive au besoin

Salsa vierge de citron confit

Tailler en fine brunoise le céleri et les poivrons (idéalement, peler les poivrons selon la technique décrite dans la recette de tartare de pétoncle en entrée, voir page 244).

Rincer le citron confit, retirer les pépins et hacher le citron confit en entier.

Émincer l'oignon vert.

Mélanger avec le reste des ingrédients.

Chiffonnade

Émincer le chou et le fenouil finement.

Déchirer les pleurotes.

Blanchir les légumes à la vapeur et mélanger.

* Pour faire des citrons confits, utiliser des citrons bio, bien les laver, entailler les citrons en croix, les farcir de gros sel de mer, entasser dans un bocal et couvrir de gros sel. Conserver au frais. Il seront prêts dans 2 à 3 mois. Il est aussi possible d'acheter des citrons confits en épicerie.

Sauce béarnaise végétale

1 courge potimarron (ou autre)

5 échalotes

125 g (4 oz) de noix de cajou trempées 12 h

1 citron (jus)

180 ml (¾ tasse) d'huile d'olive

125 ml (½ tasse) d'eau

Sel de mer au goût

Une pincée de piment d'Alep (voir p. 339)

½ botte d'estragon haché

5 g (1 c. à thé) de maniguette concassée (voir p. 339)

Sauce béarnaise végétale

Éplucher, épépiner et couper la courge en morceaux.

Éplucher et émincer l'échalote.

Cuire à la vapeur 20 à 30 minutes.

À l'aide d'un mélangeur haute vitesse, mixer les légumes avec les noix de cajou égouttées, le jus de citron et l'huile d'olive.

Ajouter l'eau pour obtenir une texture bien lisse.

Assaisonner de sel et de piment d'Alep.

Dans un cul de poule et à l'aide d'un fouet, mélanger l'estragon et la maniguette. Ajouter au mélange.

Saumon

Assaisonner le saumon et cuire les portions à la vapeur (environ 4 à 7 minutes) selon votre cuisson préférée. Pour bien apprécier le saumon, il est préférable de ne pas trop le cuire. Le centre doit être rose foncé et l'extérieur rose pâle.

Disposer la sauce béarnaise végétale au fond de l'assiette. Ajouter un peu de chiffonnade. Déposer le saumon par-dessus. Garnir avec la salsa vierge de citron confit.

Gravlax de saumon bio à la mélisse

Huile de poivre rose et gingembre, chiffonnade de fenouil et orange

Pour 4 personnes

500 ml (2 tasses) de gros sel

125 ml (½ tasse) de sucanat

15 ml (1 c. à soupe) de graines de fenouil

15 ml (1 c. à soupe) de graines de coriandre

15 ml (1 c. à soupe) de poivre noir

15 ml (1 c. à soupe) de feuille de laurier

3 bottes de mélisse

1 botte d'aneth

360 g (12 oz) de saumon bio

2 oranges bio (zeste)

2 citrons bio (zeste)

Huile de poivre rose et gingembre

80 ml (⅓ tasse) d'huile de sésame vierge

15 ml (1 c. à soupe) de poivre rose

15 ml (1 c. à soupe) de graines de fenouil

1 tige d'oignon vert

20 g (0,8 oz) de gingembre mariné

Piment d'Alep au goût (voir p. 339)

Chiffonnade

2 fenouils

½ oignon rouge

1 orange

15 ml (1 c. à soupe) huile de poivre rose et gingembre

Préparation du saumon

Étaler une couche de sel et de sucre au fond d'un récipient, y déposer la moitié des herbes et des épices. Y déposer le saumon. Zester l'orange et le citron au-dessus des saumons à l'aide d'une râpe microplane. Recouvrir de l'autre moitié des épices, des herbes, puis du mélange sel/sucre restant.

Laisser mariner 24 à 36 h. Rincer. Assécher.

Trancher finement et étaler au fond d'une assiette. Réserver au frais.

Huile de poivre rose et gingembre

Hacher le poivre rose, moudre les graines de fenouil, ciseler les oignons verts et hacher le gingembre. Ajouter le tout à l'huile de sésame et piment d'Alep.

Chiffonnade

Trancher finement le fenouil et l'oignon rouge à l'aide d'une mandoline ou d'un couteau.

Lever les suprêmes d'orange.

Mélanger le tout.

Service

Arroser le saumon et la chiffonnade d'huile de poivre rose et de gingembre.

Variante

Vous pouvez aussi faire mariner le saumon 12 h seulement et le servir entier mi-cuit à la vapeur quelques minutes.

Bar rayé sauvage sur piperade de piment chipotle

Pour 4 personnes

142 g (5 oz) par portion
de bar rayé sauvage

Fermentation* de courge spaghetti

Piperade

2 oignons blancs (ou 12 petits)

2 poivrons rouges

2 poivrons jaunes

3 tomates mondées (chair)

7 ml (½ c. à soupe)
de thym haché

7 ml (½ c. à soupe)
de romarin haché

1 pincée de piment chipotle

Sauce piperade

3 tomates (cœur des tomates
mondées)

½ botte de basilic

85 g (3 oz) de piperade

58 g (2 oz) de noix de cajou
trempées 12 h et rincées

15 ml (1 c. à soupe) d'huile d'olive

Piment d'Alep au goût (voir p. 339)

Sel de mer au goût

Sel d'olive

170 g (6 oz) d'olives Kalamata
dénoyautées

Piperade

Émincer l'oignon. Cuire 12 minutes à la vapeur.

Émincer les poivrons. Cuire 12 minutes à la vapeur. (Idéalement, peler les poivrons selon la technique décrite dans la recette de tartare de pétoncles, voir p. 244.)

Monder les tomates : faire une incision sous la tomate, enlever le pédoncule, mettre à la vapeur 30 à 60 secondes et refroidir dans l'eau glacée. Peler et jeter la peau. Émincer seulement la chair de la tomate de la même taille que les poivrons. Réserver les cœurs des tomates pour la sauce.

Dans un bol, mélanger les légumes, les herbes hachées et le piment.

Sauce

Dans un mélangeur, mixer tous les ingrédients jusqu'à obtenir une texture lisse.

Sel d'olives

Rincer les olives. Hacher et essorer.

Étaler sur une feuille de papier absorbant.

Déshydrater à 62 °C (145 °F) 48 h (ou au four conventionnel à la plus basse température en veillant à ne pas les brûler).

Lorsque les olives sont bien sèches, réduire en poudre au robot hachoir ou au moulin à café.

Fermentation de courge
spaghetti

1,4 kg de courge spaghetti bio

80 g de gousse d'ail

30 g de gros sel de mer

4 g de cumin

4 g de moutarde brune

3 g de graines de coriandre

Fermentation de courge spaghetti

Couper ou râper vos légumes. Mélanger aux aromates et au sel de mer (environ 2 % du poids des légumes).

Dans un bocal en verre, compacter fermement, à l'aide d'un pilon, les légumes qui doivent être totalement immergés. La courge spaghetti rend normalement assez d'eau mais si ce n'est pas le cas, couvrir avec une saumure (100 ml [3 oz] d'eau et environ 3 pincées de sel).

Ne pas visser le couvercle sur le bocal ; le gaz qui résulte de la fermentation doit pouvoir s'échapper et l'air ne pas entrer. L'idéal est d'utiliser un pot en grès à joint d'eau ou une bonde aseptique (vendue dans les magasins de vins et bières maison). Pour utiliser la bonde aseptique sur un bocal en vitre, percer un trou dans le couvercle et insérer un bouchon troué avec la bonde aseptique à l'intérieur.

Entreposer le récipient dans un endroit où la température se situe entre 17 et 23 °C. Ne pas ouvrir pendant 2 semaines.

Vous pouvez par la suite réfrigérer ou continuer de fermenter quelques semaines de plus.

Service

Cuire le bar à la vapeur 4 à 6 minutes. Chauffer la piperade. Disposer la sauce au centre de l'assiette, ajouter la piperade, déposer le bar sur les légumes et assaisonner avec le sel d'olive, puis ajouter 15 ml (1 c. à soupe) de fermentation de courge spaghetti à l'ail.

* La fermentation est une méthode de conservation saine et simple. Vous trouverez des fermentations en vente dans des épiceries santé. Vous pouvez aussi choisir de ne pas servir le bar avec la fermentation, mais pensez à ajouter un peu d'ail dans la piperade.

Pétoncles confits à l'huile de noix de coco

Pour 4 personnes

2 betteraves jaunes

12 shiitake

12 pétoncles frais, grosseur U-12*

500 ml (2 tasses) d'huile de noix de coco

Quelques pincées de gomasio (voir p. 339) **au lin (sésame noir + lin + fleur de sel)**

Quelques feuilles de bébé roquette (ou autre jeune pousse)

Tomates cerises confites (voir p. 295)

Chou-fleur mariné (voir p. 295)

Sauce coco et citronnelle (voir p. 296)

Huile d'herbes aux zestes de citron (voir p. 296)

* 12 unités par livre de chair

Préparer quelques heures à l'avance les tomates confites et le chou-fleur mariné.

Cuire les betteraves jaunes à la vapeur au moins 1 h. Vérifier la cuisson à l'aide de la pointe d'un couteau. La lame doit facilement transpercer la betterave. Refroidir dans l'eau glacée et éplucher. Tailler des tranches de 1 ½ cm (½ po) d'épaisseur. Pour une plus belle présentation, tailler dans les tranches des disques à l'aide d'un emporte-pièce et utiliser les parures pour une autre recette telle que la feuille de vigne au riz, amarante et lentilles germées.

Préparer la sauce coco et citronnelle.

Préparer l'huile d'herbes aux zestes de citron.

Retirer le pied des shiitake et sauter les chapeaux entiers au wok 1 minute (conserver les pieds pour un bouillon, ou composter).

Retirer le muscle des pétoncles. Réserver les pétoncles au frais.

Préparer le gomasio en mélangeant simplement le lin, le sésame blanc et noir ainsi que de la fleur de sel.

Chauffer l'huile de noix de coco dans une casserole à 80-85 °C (175-185 °F). Vérifier la température à l'aide d'un thermomètre. Plonger les pétoncles dans l'huile et confire 5 à 7 minutes.

À la vapeur, réchauffer les betteraves, les tomates confites, le chou-fleur et les shiitake.

Servir la sauce chaude au fond de l'assiette, disposer 3 disques de betterave, poser les pétoncles sur les betteraves. Garnir de chou-fleur, tomates, shiitake et arroser d'huile d'herbes. Assaisonner les pétoncles de gomasio. Terminer avec quelques jeunes pousses de roquette.

Tomates cerises confites

8 tomates cerises

1 gousse d'ail

½ botte de persil plat

¼ d'oignon rouge

15 ml (1 c. à soupe) d'huile d'olive

Quelques branches de thym

Une pincée de sel

Trancher les tomates cerises en deux.

Hacher l'ail et le persil.

Émincer l'oignon finement.

Tout mélanger et bien enrober les tomates.

Poser le côté tranché vers le haut sur un papier antiadhésif.

Déshydrater 2 h à 62 °C (145 °F) (ou au four conventionnel à la plus basse température, mais attention de ne pas trop déshydrater).

Chou-fleur mariné

1 chou-fleur

500 ml (2 tasses) d'eau

10 g (2 c. à thé) de graines de fenouil

10 g (2 c. à thé) de graines de cumin

1 grain d'anis étoilé

5 g (1 c. à thé) de graines de coriandre

5 g (1 c. à thé) de moutarde brune

5 g (1 c. à thé) de maniguette
(voir p. 339)

5 g (1 c. à thé) de graines de céleri

160 ml (⅔ tasse) de jus de citron

Couper le chou-fleur en petits fleurons.

Mettre l'eau et les aromates à chauffer à feu moyen jusqu'à ébullition.

Ajouter le jus de citron à la marinade.

Verser sur le chou-fleur et laisser refroidir à température de la pièce 1 h avant de réfrigérer.

Sauce coco
et citronnelle

58 g (2 oz) de gingembre frais

1 bâton de citronnelle

1 boîte (454 ml) de lait de coco biologique

58 g (2 oz) de noix de cajou trempées 12 h et rincées

1 citron (jus)

Sel de mer au goût

Hacher le gingembre.

Hacher le bâton de citronnelle (la base seulement et enlever la première couche).

Mixer tous les ingrédients à l'aide d'un mélangeur jusqu'à texture bien lisse.

Huile d'herbes
aux zestes de citron

½ botte de persil italien

½ botte de coriandre

½ botte de ciboulette

160 ml (⅔ tasse) d'huile d'olive

2 citrons (zeste)

Hacher le persil et la coriandre.

Émincer finement la ciboulette.

Mélanger les herbes à l'huile d'olive.

Au-dessus du bol contenant l'huile, zester les citrons à l'aide d'une râpe microplane. En zestant au-dessus de l'huile d'olive, les huiles essentielles y tomberont.

Thon albacore confit à l'huile d'olive au sésame noir et lin doré

Salade de tomates et olives Kalamata, purée d'avocats et spiruline

Pour 4 personnes

4 × 125 g (4 oz) de thon albacore

500 ml (2 tasses) d'huile d'olive

Salade

6 tomates mondées (chair en dés)

½ concombre en dés sans les cœurs

60 g (2 oz) d'olives Kalamata en pétales

½ oignon rouge ciselé finement

½ botte de persil haché

½ botte de coriandre émincée

½ botte de ciboulette émincée

Piment d'Alep au goût (voir p. 339)

60 ml (¼ tasse) d'huile d'olive

Sel de mer au goût

Purée

2 avocats

Une pincée de spiruline

2 limes bio (zeste et jus)

Mélange d'épices

125 g (4 oz) de sésame noir

60 g (2 oz) de lin

20 g (0,8 oz) de graines de coriandre concassées

Salade

Préparer les ingrédients séparément et mélanger le tout dans un bol.

Monder les tomates selon la technique de la recette de la piperade (voir p. 290).

Purée

Mixer tout au mélangeur en purée bien lisse en ajoutant un peu d'eau au besoin.

Thon

Tempérer le thon 20 minutes à la température de la pièce.

Chauffer l'huile d'olive à 75 °C (165 °F).

Confire le thon dans l'huile d'olive à 75 °C (165 °F) pendant 4 minutes. Le centre doit encore être rosé.

Égoutter.

Rouler le thon dans le mélange d'épices.

Service

Faire un trait de purée au fond de l'assiette, poser de la salade au milieu et y déposer le thon. Garnir de jeunes pousses ou de germination de votre choix.

Tartare de saumon sauvage aux baies roses et crème à l'avocat

Pour 4 personnes

500 g (1 lb) de filet
de saumon sauvage*

¼ botte de coriandre

¼ botte d'aneth

6 g (1 c. à thé) de baies roses

Crème à l'avocat

1 citron bio (zeste)

60 ml (2 oz) d'huile de chanvre

1 ml (¼ c. à thé) de piment d'Alep
(voir p. 339)

2 avocats Hass

½ botte de persil italien

2 citrons (jus)

1 filet d'huile d'olive

Sel de mer au goût

Eau au besoin

Garniture

Quelques feuilles
de jeune roquette

100 g (3,5 oz) de graines
de radis germées

Enlever la peau et les arêtes du saumon et couper en petits dés de 5 mm (⅕ po). Réserver au frais.

Hacher séparément la coriandre, l'aneth, les baies roses. Réserver.

Dans un récipient, mettre les dés de saumon, la coriandre, l'aneth, les baies roses, un peu de jus de citron et son zeste, du sel de mer au goût, l'huile de chanvre, le piment et mélanger le tout, rectifier l'assaisonnement.

Crème à l'avocat

Dans un mélangeur, mixer la chair des avocats avec le persil, le jus d'un citron, le filet d'huile d'olive, une pincée de sel et un peu d'eau afin d'obtenir une crème lisse et onctueuse. Réserver au frais.

Service

Placer un cercle en inox de 8 cm (3 po) de diamètre au centre de l'assiette et y placer 2 à 3 c. à soupe (30 à 45 ml) du mélange de saumon. Étaler légèrement sur le fond du cercle.

Recouvrir d'une bonne cuillère à soupe (15 ml) de crème à l'avocat et étaler sur le saumon. Démouler.

Garnir de feuilles de roquette, de graines de radis germées ainsi que d'un filet d'huile de chanvre.

* Il est recommandé de congeler le poisson avant de l'utiliser dans le but de diminuer le nombre de micro-organismes et/ou larves que pourrait contenir la chair.

Plats de viande

Magret de canard poché aux épices sauvages

2 magrets de canard

12 oignons cipollini

2 betteraves rouges

Bouillon de jardin

5 g (2 oz) d'aulne crispé moulu
(voir p. 337)

10 gousses de cardamome
écrasées

10 g (½ c. à soupe) de graines
de fenouil moulues

5 ml (1 c. à thé) de sel

2 l (8 tasses) d'eau

1 tête d'ail fendue en 2

¼ botte de livèche

½ botte de thym

½ botte d'origan

½ botte de basilic

Sauce de patates

250 g (8 oz) de patates douces

4 gousses d'ail

30 g (1 oz) de noix de cajou

15 ml (1 c. à soupe) de jus de citron

80 ml (¾ tasse) d'huile d'olive

375 ml (1 ½ tasse) d'eau

Piment d'Alep au goût (voir p. 339)

Sel de mer au goût

Magrets

Dégraisser totalement les magrets. Couper le gras en morceaux et le faire fondre dans une casserole. Quand le gras est fondu, y plonger les oignons et faire confire au four à couvert pendant 1 h entre 100 et 150 °C (212 et 300 °F). Si vous n'avez pas d'oignons cipollini, des oignons perlés peuvent être utilisés. Conserver le gras de canard fondu après l'avoir tamisé pour d'autres recettes

Couper en deux carrés les magrets.

Bouillon du jardin

Mettre l'eau, l'ail et les herbes dans une casserole. Faire frémir pendant 20 minutes avec les épices (aulne crispé, cardamome, graines de fenouil et sel).

Cuisson

Quand la température du bouillon est de 58 °C (136 °F), y plonger les magrets de canard pendant 30 à 40 minutes. Surveiller constamment la température du bouillon. Si la température augmente au-dessus de 59 °C (138 °F), jeter 2 ou 3 glaçons dans le bouillon pour faire redescendre à 58 °C (136 °F). Laisser reposer la viande quelques minutes hors du bouillon. Trancher et servir.

Betteraves

Cuire 1 h à la vapeur, éplucher et couper en quartiers.

Salade

1 botte de cresson

12 tomates cerises confites
(voir p. 295)

125 g (4 oz) de pacanes coupées au couteau

Huile de chanvre

90 g (3 oz) d'huile de chanvre

30 ml (2 c. à soupe) de tamari

15 ml (1 c. à soupe) de thym citronné haché

30 ml (2 c. à soupe) de gingembre haché

Sauce

Éplucher les patates douces et l'ail. Cuire à la vapeur 30 minutes. Mixer au mélangeur avec les noix, le citron, l'huile, l'eau et assaisonner pour obtenir une belle purée.

Service

Dresser la sauce dans l'assiette.

Dans un bol, mélanger le cresson, les tomates confites et les pacanes. Arroser de citronnette (3 c. à soupe [45 ml] d'huile d'olive et 1 c. à soupe [15 ml] de jus de citron).

Mélanger les ingrédients de l'huile de chanvre. Servir la salade. Placer 3 oignons cipollini confits et 3 quartiers de betterave autour de la salade.

Poser le demi-magret tranché* en appui sur la salade et arroser la salade et le pourtour du magret d'huile d'assaisonnement au chanvre.

* Toujours trancher la viande dans le sens contraire des fibres pour plus de tendreté.

Boulettes de bison et canneberges braisées aux champignons

Pour 4 personnes

½ patate douce en petits dés

½ céleri-rave en petits dés

480 g (16 oz) de bison haché

45 ml (3 c. à soupe) de mélange thym et origan hachés

60 g (2 oz) de canneberges séchées hachées

Sel de mer au goût

3 ml (1 c. à thé) de piment d'Alep
(voir p. 339)

90 g (3 oz) de champignons de Paris hachés

½ botte de persil haché

Sauce

3 échalotes

180 g (6 oz) de champignons de Paris émincés

120 g (4 oz) de pleurotes émincés

125 ml (½ tasse) de tamari sans gluten

3 gousses d'ail hachées

1,5 litre (6 tasses) d'eau

30 g (2 c. à soupe) de fécule d'amarante

Boulettes

Éplucher la patate douce et le céleri-rave, couper en fine brunoise, passer à la vapeur 5 minutes et refroidir.

Mélanger tous les ingrédients avec les dés de légumes et rectifier l'assaisonnement.

Faire des boulettes de 4 cm (1 ½ po) de diamètre.

Cuire à la vapeur 5 minutes et passer au four à 85 °C (185 °F) pendant 25 minutes.

Sauce

Pendant ce temps, faire un bouillon de champignons avec les ingrédients de la sauce et lier avec un peu de fécule d'amarante (délayer la fécule dans un peu d'eau froide avant de l'incorporer au bouillon).

Pour encore plus de goût, vous pouvez remplacer l'eau par un bouillon de champignons fait avec les pieds de shiitake.

Terminer la cuisson des boulettes dans le bouillon aux champignons en le laissant cuire à frémissement pendant quelques minutes.

Gigot d'agneau mariné à la teriyaki, purée de céleri-rave

Pour 4 personnes

1 petit gigot d'agneau désossé en muscles

Marinade

500 ml (2 tasses) de tamari sans gluten

250 ml (1 tasse) de mirin

125 g (4 oz) de gingembre haché

5 gousses d'ail hachées

Piment d'Alep au goût (voir p. 339)

Purée de céleri-rave

1 céleri-rave

4 échalotes

3 gousses d'ail

60 ml (4 c. à soupe) d'huile d'olive

30 ml (2 c. à soupe) de jus de citron

Sel de mer au goût

Eau au besoin

Huile à la coriandre

1 botte de coriandre

30 g (1 oz) de gingembre

3 gousses d'ail

60 ml (4 c. à soupe) d'huile d'olive

30 ml (2 c. à soupe) de tamari sans gluten

15 ml (1 c. à soupe) de mirin

Préparer la marinade.

Désosser le gigot ou demander à votre boucher.

Laisser mariner les muscles de gigot pendant 1 nuit, puis cuire à basse température à 85 °C (185 °F). À l'aide d'un thermomètre à sonde, surveiller la température et stopper la cuisson lorsque la température interne atteint 58 °C (136 °F).

Purée

Éplucher et couper en morceaux le céleri-rave, puis le cuire à la vapeur avec l'échalote et l'ail pendant 30 minutes.

À l'aide du mélangeur, mixer en purée avec le reste des ingrédients. Ajouter de l'eau au besoin pour avoir une purée onctueuse, mais pas trop molle.

Huile à la coriandre

Hacher la coriandre, le gingembre et l'ail.

Mélanger au reste des ingrédients.

Service

Trancher les pièces de gigot et servir sur la purée. Arroser d'huile d'assaisonnement et accompagner de légumes de votre choix.

Pain de poulet biologique au potiron, salsa vierge et purée de carottes

Pour 6 à 8 personnes

1 kg (2 lb) de poulet haché biologique

250 g (8 oz) de potiron en petits dés

90 g (3 oz) d'oignon en petits dés

90 g (3 oz) de céleri en petits dés

90 g (3 oz) de carotte râpée

2 gousses d'ail hachées

30 g (1 oz) de graines de moutarde moulues

15 g (0,5 oz) de sel

5 g (1 c. à thé) de piment d'Alep (voir p. 339)

90 g (3 oz) de pâte de tomate

Purée de carottes

4 carottes coupées en morceaux

1 échalote grise émincée

1 gousse d'ail

30 ml (2 c. à soupe) d'huile d'olive

Paprika au goût

Sel de mer au goût

Salsa vierge

3 poivrons (rouge, orange et jaune)

Herbes hachées (persil, ciboulette, thym) au goût

60 ml (4 c. à soupe) d'huile de canola biologique (voir p. 339) de première qualité

Pain de poulet

Dans un bol posé sur de la glace, mélanger le poulet et le reste des ingrédients sauf la pâte de tomate.

Lorsque le mélange est bien homogène, transvider dans un moule à terrine antiadhésif et bien tasser.

Recouvrir de pâte de tomate.

Poser un papier antiadhésif sur le pain et emballer tout le moule hermétiquement avec de la pellicule plastique. (Le papier empêche le contact direct de la pellicule avec le pain.)

Cuire à la vapeur jusqu'à atteindre une température de 82 °C (180 °F) au centre du pain (environ 1 h). Vérifier avec une sonde après 1 h. Si nécessaire, remballer et remettre à la vapeur.

Purée de carottes

Couper les carottes et l'échalote, puis cuire à la vapeur avec l'ail.

Dans un mélangeur, réduire en purée les légumes cuits et incorporer l'huile d'olive, puis assaisonner au goût avec le paprika et le sel.

Salsa vierge

Tailler les poivrons en brunoise et hacher des herbes de votre choix. Ajouter l'huile de canola bio et mélanger.

Accompagner ce plat de petits légumes vapeur de votre choix.

Cerf aux épices et sauce poivron au thym

1 kg (16 oz) de filet de cerf

Sauce poivron

3 poivrons rouges

2 gousses d'ail

15 ml (1 c. à soupe) de tamari
sans gluten

15 ml (1 c. à soupe) de jus de citron

Quelques branches
de thym effeuillées

20 g (0,8 oz) de paprika

Mélange d'épices à cerf

5 capsules de cardamome verte
moulues

20 g (0,8 oz) de graines
de coriandre moulues

20 g (0,8 oz) de cumin vert moulu

20 g (0,8 oz) de graines
de moutarde jaune moulues

10 g (1 c. à thé) de piment d'Alep

Huile d'assaisonnement

125 g (4 oz) de gingembre haché

½ botte de persil italien haché

⅓ tasse (85 ml) de tamari
sans gluten

15 g (0,5 oz) d'épices à cerf

Sauce

Épépiner les poivrons et cuire la chair coupée en gros dés avec l'ail à la vapeur pendant 30 minutes.

Mixer au mélangeur avec le reste des ingrédients.

Épices

Combiner toutes les épices et bien mélanger.

Huile

Hacher le gingembre. Hacher le persil. Mélanger tous les ingrédients.

Cerf

Couper des portions de cerf en médaillons de 113 g (4 oz).

Rouler les médaillons dans les épices.

Cuire au four à 85 °C (185 °F) 15 minutes ou jusqu'à ce que la température interne atteigne 55 °C (131 °F).

Laisser reposer la viande quelques minutes.

Service

Réchauffer les médaillons 2 minutes au four si nécessaire. Trancher. Servir sur la sauce. Arroser d'huile d'assaisonnement. Parsemer d'oignon vert émincé, de quelques pousses de coriandre et de noix de cajou concassées. Servir avec des légumes d'accompagnement de votre choix.

Étagé d'agneau au romarin et origan, patate douce et crème d'aubergines

Pour 4 personnes

4 patates douces moyennes

Sauce bolognaise à l'agneau

500 g (16 oz) d'agneau haché finement

4 grosses tomates coupées en dés

3 gousses d'ail hachées

4 échalotes hachées

2 branches de romarin hachées

2 branches d'origan hachées

Sel

Crème d'aubergines

2 aubergines

2 gousses d'ail

2 échalotes

80 g (½ tasse) de noix de cajou trempées 12 h

½ citron (jus)

Sel de mer au goût

80 ml (⅓ tasse) d'huile d'olive

Éplucher les patates douces et couper en rondelles d'environ 5 mm (⅕ po) d'épaisseur. Cuire à la vapeur.

Faire une bolognaise d'agneau en mélangeant les ingrédients et cuire dans un récipient à couvert au four à basse température, maximum 100 °C (212 °F), pour une durée de 2 h.

Pour la crème, couper les aubergines en morceaux, éplucher et couper l'ail et les échalotes, cuire le tout à la vapeur pendant 15 minutes.

Mixer avec les noix de cajou égouttées, le jus de citron, le sel et l'huile d'olive afin d'obtenir une substance crémeuse.

Service

Dans un plat allant au four, alterner les patates douces en étagé avec l'agneau et finir par une couche de patates douces.

Étaler la crème d'aubergine par-dessus et mettre le tout au four à 100 °C (212 °F) pendant 30 minutes avant de servir.

Cuisses de lapin braisées au chou frisé

4 cuisses de lapin

2 bottes de chou frisé émincé

1 oignon blanc émincé

2 gousses d'ail hachées

½ botte d'origan frais haché

5 baies de genièvre moulues

1 casseau de tomates cerises en purée

10 g (2 c. à thé) de sel

125 ml (½ tasse) d'eau

Purée de céleri-rave

1 céleri-rave

5 chanterelles fraîches

1 échalote

5 g (½ c. à thé) de sel

1 filet d'huile d'olive

Persillade

1 citron bio confit au sel

2 gousses d'ail

1 botte de persil italien

Garniture

1 botte de jeunes carottes

1 botte de jeunes betteraves jaunes

1 botte de petits bulbes d'oignon nouveau

1 branche d'estragon

Lapin braisé

Poser les cuisses de lapin sur le mélange de chou, d'oignon, d'ail, d'origan, de genièvre.

Verser la purée de tomates cerises et le sel sur les cuisses.

Mouiller avec un peu d'eau.

Cuire au four à couvert à 85 °C (185 °F) jusqu'à ce que la température interne des cuisses atteigne 75 °C (167 °F) et que la chair se détache facilement.

Purée de céleri-rave

Cuire le céleri-rave, les chanterelles et l'échalote à la vapeur. Égoutter, puis réduire en purée épaisse et lisse à l'aide d'un mélangeur en ajoutant un peu d'eau de cuisson si nécessaire ainsi qu'un filet d'huile d'olive. Assaisonner.

Persillade

Hacher la peau du citron confit, l'ail et le persil. Mélanger.

Service

Poser la purée dans l'assiette, le chou frisé et la cuisse.

Garnir de jeunes carottes, de jeunes betteraves jaunes, de bulbes d'oignon nouveau préalablement nettoyés et cuits à la vapeur ainsi que de quelques feuilles d'estragon.

Desserts

Bouchées au sarrasin germé, gingembre et vanille

Donne 40 unités

180 g (6 oz) de figues déshydratées en purée

90 g (3 oz) de sarrasin germé

30 g (1 oz) de graines de courge

250 g (8 oz) de pacanes hachées grossièrement

180 g (6 oz) de mûres blanches sèches hachées grossièrement

200 g (2 tasses) d'amandes blanches moulues

60 ml (4 c. à soupe) de gingembre en poudre

60 ml (4 c. à soupe) de sirop d'érable

5 ml (1 c. à thé) de vanille moulue

Mélanger les ingrédients secs, puis ajouter le sirop d'érable.

Former des petites boulettes avec vos mains.

Déshydrater pendant 12 h à 42 °C (105 °F).

Verrines gâteau au fromage de noix et aux bleuets

Pour 6 à 8 personnes

625 ml (2 ½ tasses) de noix
de cajou trempées 12 h

125 ml (½ tasse) de jus de citron

3 citrons (zeste)

80 ml (⅓ tasse) de miel de trèfle

125 ml (½ tasse) d'huile de coco
liquide

Une pincée de sel

30 g (1 c. à soupe) de vanille
moulue

Croûte

180 ml (¾ tasse) de noix
de Grenoble

Une pincée de sel

3 dattes medjool

Coulis

250 ml (1 tasse) de bleuets frais

125 ml (½ tasse) de miel de trèfle

Égoutter les cajous, combiner tous les ingrédients
au mélangeur et mixer jusqu'à consistance
crémeuse et lisse. Réserver.

Croûte

Au robot culinaire, hacher les noix avec le sel et
ajouter les dattes jusqu'à ce que tout se tienne
ensemble. Réserver.

Coulis

Mixer les ingrédients au mélangeur jusqu'à
consistance lisse.

Service

Tasser un peu de croûte au fond d'une verrine,
couler le mélange de noix de cajou sur le dessus,
ajouter un peu de coulis et mélanger un peu.

Laisser refroidir au réfrigérateur pendant 1 h
et servir.

Gâteau vapeur à l'amande amère

Donne 6 à 8 portions

6 œufs (jaunes et blancs séparés)

110 g (½ tasse) de sucanat en poudre

45 ml (3 c. à soupe) d'eau

220 g (1 ½ tasse) de farine de riz

3 g (1 ½ c. à thé) de bicarbonate de soude

3 ml (½ c. à thé) d'extrait d'amande amère

Dans le bol du mélangeur, fouetter à vitesse moyenne les jaunes d'œufs, le sucre et l'eau jusqu'à ce que le mélange triple de volume.

Dans un grand cul de poule, mélanger la farine et le bicarbonate de soude.

Verser le mélange liquide sur la farine et bien mélanger.

Ajouter l'extrait d'amande amère et mélanger.

Rincer le bol du mélangeur et monter les blancs en neige à vitesse moyenne.

Incorporer les blancs d'œufs montés en neige au précédent mélange en pliant à l'aide d'une maryse.

Verser dans 2 petits moules à terrine et remplir au ¾.

Couvrir d'un linge propre et le maintenir tendu à l'aide d'un élastique.

Cuire au four vapeur ou au cuiseur vapeur à 100 °C (212 °F) pendant 30 minutes.

Refroidir sur une grille.

Servir avec la purée de datte à l'érable (voir p. 316).

Purée de dattes
à l'érable

60 g (2 oz) d'amandes crues trempées

60 g (2 oz) de dattes medjool dénoyautées

30 ml (2 c. à soupe) de sirop d'érable

125 ml (½ tasse) d'eau

Tremper les amandes pendant 12 h et en retirer la peau. Vous pouvez aussi utiliser des amandes blanchies.

Mixer tous les ingrédients au mélangeur jusqu'à obtenir une purée bien lisse.

Tarte au cacao cru

Croûte

90 g (3 oz) d'amandes concassées finement

30 g (1 oz) de grué de cacao
(voir p. 339)

90 g (3 oz) de cacao cru en poudre

90 ml (⅓ tasse) de sirop d'érable

30 ml (2 c. à soupe) d'huile de coco

1 orange bio (zeste)

Garniture

90 g (3 oz) de cacao cru en poudre

180 ml (¾ tasse) de sirop d'érable tiède

60 ml (¼ tasse) d'huile de coco tiède

Présentation

Goji en poudre

Fleur de sel

Pétales de fleurs (calendule, centaurée)

Pour la croûte : mélanger les ingrédients secs dans un cul de poule.

Incorporer au fouet les ingrédients liquides, puis zester l'orange dans le mélange.

Dans un moule à tarte de votre choix, tasser la croûte au fond. Mettre au frais.

Pour la garniture : dans un autre cul de poule, tamiser le cacao, incorporer les ingrédients liquides, tiédis à feu doux et couler sur le fond de tarte refroidi.

Décorer de poudre de goji, de fleur de sel (légèrement) ou de pétales de fleurs.

Réfrigérer pendant 12 h.

Démouler, servir.

Fruits à la crème de soja citron et vanille

Pour 6 à 8 personnes

1 tasse (250 g) de sucre de canne

180 ml (¾ tasse) de lait de soja

180 ml (¾ tasse) d'eau

15 ml (1 c. à soupe) d'agar-agar
(voir p. 337)

500 g (1 lb) de tofu soyeux

1 citron (jus)

6 g (1 c. à thé) de vanille moulue

300 à 400 ml (10 à 14 oz)
de Bio-K à base de riz (facultatif)
(voir p. 337)

Dans une casserole, amener à ébullition le sucre et le lait de soja, laisser bouillir 2 à 3 minutes.

Dans une autre casserole, faire bouillir l'eau et l'agar-agar pendant 2 minutes.

Mélanger ces deux liquides aux autres ingrédients. Pour ajouter des probiotiques, ajouter du Bio-K.

Laisser figer au frais.

Remixer le tout au mélangeur pour avoir une crème lisse.

Servir avec des fruits variés.

Tapioca au lait de riz et de coco

Pour 4 personnes

500 ml (2 tasses) de lait de riz

½ boîte, environ 240 ml (1 tasse) de lait de coco

5 ml (1 c. à thé) de vanille en poudre

60 g (¼ tasse) de sucre de canne

Une pincée de sel

60 g (⅓ tasse) de tapioca

80 ml (⅓ tasse) de lait de riz froid

Faire bouillir ensemble le lait de riz, le lait de coco, la vanille, le sucre et le sel.

Ajouter le tapioca et mélanger. Cuire 25 minutes à feu doux. Brasser.

Ajouter le lait de riz froid, bien mélanger et cuire 25 minutes en remuant fréquemment.

Couler dans des verrines lorsque le mélange est encore chaud ou tiède.

Servir avec des fruits ou une compote, telle que fraises et rhubarbe.

Variante probiotique
Ajouter 100 à 150 ml (3 à 5 oz) de Bio-K à base de riz fermenté lorsque le mélange est tiède.

Bien choisir nos aliments

Que savons-nous à ce jour des dangers potentiels des OGM, des pesticides qui leur sont associés et de leur influence sur le développement des maladies d'inflammation chronique?

N.B. : cet article, destiné à ceux qui n'ont pas accès à Internet, est un abrégé de celui du même nom, publié antérieurement sur mon blogue (jacquelinelagace.net) et qui s'appuie sur 44 publications scientifiques qui y sont répertoriées.

La situation actuelle

En Occident, les aliments sont maintenant majoritairement produits par une agriculture industrialisée. Le reste de la planète n'échappe pas à cette tendance. Une part grandissante des aliments industrialisés comporte des végétaux dont les graines ont été modifiées génétiquement (GM); il s'agit du soja, du maïs, du canola, du coton et de la betterave à sucre aux États-Unis, du soja, du maïs et du canola au Canada.

La majorité des modifications génétiques actuelles ont pour but de rendre les plantes résistantes à des insectes ravageurs à la suite de l'introduction de matériel génétique provenant de bactéries. Les modifications les plus courantes permettent à la plante de devenir tolérante à un herbicide total, généralement le Roundup. Lorsque l'on pulvérise du Roundup sur une plante, la substance active de l'herbicide, le glyphosate, pénètre dans la plante et en bloque certains processus enzymatiques, ce qui lui confère la résistance à l'herbicide. Le Roundup, l'herbicide le plus utilisé dans le monde, comporte de plus un adjuvant qui augmente l'activité du glyphosate.

L'industrie prétend que les OGM et le Roundup sont pratiquement sans danger pour les mammifères, y compris l'homme, puisque le complexe enzymatique visé par ces modifications génétiques n'est pas présent chez les animaux. Pourtant, il semble de plus en plus évident que l'utilisation des OGM et du Roundup peut comporter à long terme des risques importants pour la santé et l'environnement parce que, entre autres, le glyphosate, l'agent actif du Roundup, aurait des effets perturbateurs sur le microbiome intestinal ainsi que sur le processus de détoxication des organismes. La détoxication des organismes est compromise, car le glyphosate a la capacité d'inhiber l'activité des enzymes cytochromes qui permettent la biodégradation de molécules potentiellement nocives, tels les médicaments, les pesticides et autres molécules toxiques. Les effets du glyphosate sont particulièrement insidieux parce qu'ils passeraient inaperçus à court terme et deviendraient apparents uniquement sur le long terme.

Pour ces raisons, le glyphosate pourrait contribuer de façon synergique aux problèmes de maladies chroniques qui se généralisent depuis quelques décennies en lien avec notre alimentation de plus en plus déséquilibrée. Dans ce contexte, il est très préoccupant que nos gouvernements laissent aux compagnies privées telle Monsanto, et cela sans contreparties indépendantes, le soin de démontrer l'innocuité des biotechnologies que ces compagnies développent dans un but commercial. Alors que cela fait maintenant une quinzaine d'années que les OGM sont commercialisés à grande échelle, une équipe française indépendante, dirigée par le professeur Gilles-Éric Séralini, a démontré en 2012 que le maïs GMNK603 (destiné aux animaux et aux humains) et le Roundup pouvaient entraîner à long terme le développement de tumeurs ainsi que des effets pathogéniques importants sur le foie et les reins des mammifères.

La présence du glyphosate dans différents aliments

Le régime alimentaire occidental actuel est basé principalement sur des aliments transformés qui sont fabriqués très souvent à partir du maïs, du blé, du soja, et qui contiennent de grandes quantités de sucre et de sel raffinés. Comme des pesticides ont été utilisés pour le traitement de ces plants, il est normal d'y retrouver des résidus chimiques de pesticide. L'utilisation généralisée du sirop de maïs dans les aliments transformés, plus particulièrement le fructose qu'il contient, aurait une incidence sur le nombre alarmant de cas de diabète de type 2 apparus au cours de la dernière décennie. Cette maladie a atteint des sommets inégalés, particulièrement chez les adolescents et même chez les préadolescents qui auparavant étaient épargnés par cette maladie. Le fait que ce sucre raffiné soit dérivé du maïs GM traité au glyphosate influencerait à la hausse le taux de pesticide qu'il contient. Il a été en effet démontré que les plantes résistantes au glyphosate, tel le maïs GM par exemple, en plus d'être exposées à plusieurs applications de Roundup, incorporent de plus grandes quantités de ce pesticide que les plantes qui y sont sensibles.

De nos jours, la majorité des bestiaux, des porcs, des moutons, des chèvres, des poulets et même des poissons et crevettes élevés en aquaculture sont nourris surtout de grains GM et de forages traités avec des herbicides. Conséquemment, les aliments qui proviennent de ces animaux, y compris les œufs, le beurre, le fromage et le lait peuvent être également contaminés par le glyphosate. De plus, parce que le glyphosate est fréquemment utilisé sur certains plants non GM comme asséchant lors de la pré-récolte, on peut en retrouver des résidus dans le blé, le seigle, l'orge, l'avoine, la canne à sucre, et certains autres végétaux qui requièrent un séchage.

L'épidémie de maladies d'inflammation chronique serait-elle la résultante d'une possible synergie entre la consommation d'aliments transformés ou pro-inflammatoires et la présence d'OGM et de résidus de pesticides dans ces aliments?

De nombreux scientifiques reconnaissent que les maladies d'inflammation chronique sont intimement liées à notre alimentation moderne inappropriée qui perturbe l'équilibre de notre organisme et en particulier celui de notre microbiome gastro-intestinal. Le régime alimentaire occidental actuel est basé principalement sur des aliments transformés par l'industrie agroalimentaire, elle contient de grandes quantités de sucre et de sel raffinés, des gras trans (pâtisseries et biscuits) et elle est généralement pauvre en végétaux frais et variés. On y retrouve également une grande quantité d'aliments pro-inflammatoires tels le gluten, la caséine, la zéine (maïs) et des protéines animales cuites à température élevée, donc riches en glycotoxines. En second lieu, la consommation d'aliments transformés, produits à partir du soja et du maïs OGM, et, à un degré moindre, bien que non négligeable, celle des plantes asséchées à l'aide du glyphosate, pourrait amplifier de façon synergique les phénomènes inflammatoires induits par les aliments reconnus comme pro-inflammatoires cités précédemment et exclus du régime hypotoxique. La résultante de cette synergie serait un déséquilibre amplifié du microbiome intestinal suivi d'une hyperméabilité de la muqueuse intestinale et du passage dans la circulation de molécules susceptibles d'entraîner des réactions immunitaires inappropriées. Ainsi, la présence de prédispositions génétiques peut permettre le développement de maladies d'inflammation chronique dont l'expression génétique est favorisée par une alimentation mal adaptée à notre génétique. Il peut s'agir de maladies chroniques classées sous le vocable de maladies arthritiques (ce terme couvre une centaine de maladies), de maladies cardiaques, de maladies métaboliques (le diabète de type 2 par exemple) et de cancers. Le cancer chez les adultes est maintenant reconnu comme une maladie d'inflammation chronique. Il est opportun de rappeler que la diète de nos lointains ancêtres était basée largement sur la consommation de végétaux «biologiques» variés et riches en fibres alimentaires, qui ont joué un rôle déterminant dans le développement de notre microbiome intestinal.

Conclusion

Continuer d'affirmer que les OGM et les pesticides les plus utilisés actuellement ne comportent aucun danger à moyen et à long terme pour la santé et l'environnement est faire preuve d'aveuglement. Les effets potentiellement toxiques du glyphosate et de sa forme activée par l'adjuvant contenu dans le Roundup, ainsi que ceux causés par les autres pesticides pourraient entraîner à moyen et à long terme des conséquences dramatiques sur l'équilibre écologique de l'ensemble de notre planète ; ce qui est en jeu, c'est l'équilibre naturel entre les êtres vivants et leur milieu, en particulier au sein de la chaîne alimentaire. De plus, l'introduction dans la chaîne alimentaire de microARN bactériens[1] (consommés avec les plantes OGM) capables de contrôler l'expression de gènes appartenant à d'autres espèces tels les mammifères, à la suite de la consommation de plantes transgènes (OGM), nécessite une très grande prudence et des études approfondies. Il est impératif que les divers paliers de notre organisation sociale, gouvernements, universités, ordres professionnels et comités de citoyens des pays concernés, cessent de laisser le contrôle de notre santé ainsi que celle de notre planète aux mains de compagnies qui ne visent que leurs profits. Il est temps que la mise en marché des produits issus des biotechnologies suive – et non pas précède – les études de toxicologie indépendantes visant à évaluer les effets toxiques à court, moyen et long terme de ces nouvelles technologies.

---

1. Pour plus de précisions, lire l'article du même nom mais plus complet sur jacquelinelagace.net.

Remise en cause de la pertinence d'utiliser l'indice glycémique (IG) comme guide pour le choix d'une alimentation santé par les principales associations du domaine de la santé telles que l'OMS et l'EFSA.

La remise en question de la pertinence de l'indice glycémique comme guide pour le choix d'une alimentation santé concerne d'une manière particulière les aliments riches en amidon. On a prétendu que les aliments riches en amidon ou dont l'indice glycémique était élevé favorisaient un surplus de poids. De telles affirmations, non fondées pour l'ensemble de la population, a influencé la rédaction de guides alimentaires inappropriés. S'appuyant sur l'indice glycémique des aliments, des médecins et des nutritionnistes ont conseillé d'éviter ou de limiter fortement la consommation d'aliments riches en amidon, alors que ces derniers possèdent souvent des caractéristiques santé indéniables. Cela est d'autant plus regrettable que ces aliments nutritifs sont souvent d'un coût abordable. C'est le cas par exemple de la pomme de terre bouillie, qui est riche en fibres solubles, vitamine C, potassium, magnésium et polyphénols ; même ses protéines, malgré qu'elles soient peu nombreuses, sont facilement digestibles et de bonne qualité (présence des acides aminés essentiels).

Il faut savoir que le concept de l'IG a été développé en 1981, principalement pour les diabétiques. L'indice glycémique des aliments est en relation avec la quantité d'insuline qui est sécrétée dans le sang après l'ingestion d'un aliment particulier en fonction des glucides à digestion lente ou rapide qu'il contient. Plus la sécrétion d'insuline est rapide à la suite de l'ingestion d'un aliment, plus son indice glycémique sera élevé.

Au cours des dernières années, plusieurs études ont évalué si le choix des aliments en fonction de leur IG pouvait prévenir le développement des maladies chroniques ou des problèmes métaboliques. Les résultats de ces études n'ont pas été concluants. Les explications potentielles pour expliquer ces échecs sont les suivantes :

▶ La présence de différences individuelles considérables dans la réponse au glucose quand différents aliments sont testés ;

▶ La disponibilité des glucides dans les différents aliments peut être surestimée comparativement aux quantités réellement absorbées ;

▶ L'utilisation de tables internationales qui ne correspondent pas nécessairement aux différentes productions locales d'aliments ;

▶ Dans plusieurs essais, les aliments considérés comme ayant un IG faible et les aliments témoins différaient généralement par rapport à des aspects comme le contenu en fibres solubles et insolubles, la viscosité des fibres et autres contenus en macronutriments ;

▶ Les effets du repas précédent ne sont pas tenus en compte, sans oublier que la réponse au glucose dépend de l'ensemble des différents aliments consommés durant un repas, alors qu'avec l'IG, on ne tient compte généralement que des glucides ;

▶ Il n'y a pas toujours présence de cohérence entre l'IG et la réponse insulinémique ;

▶ Des tests physiologiques ont démontré que les formules utilisées pour évaluer l'indice glycémique des aliments surestiment de façon générale ces indices par des marges de 22 % à 50 %.

Compte tenu de l'évolution de la recherche sur la pertinence de l'indice glycémique, toutes les autorités en santé américaines, européennes (EFSA), mondiales (OMS) ainsi que le World Cancer Research Fund affirment qu'actuellement, il n'y a pas assez de preuves pour soutenir que choisir ses aliments en fonction d'un indice glycémique faible va permettre de diminuer le risque de développer des maladies chroniques pour l'ensemble de la population. Cependant, elles concèdent, même si les résultats des études concernant les diabétiques prêtent à controverse, que choisir ses aliments en fonction de leur indice glycémique pourrait possiblement aider les personnes qui sont diabétiques et celles en surpoids ou obèses.

En fait, toutes ces institutions reconnaissent que la méthodologie, la validité et l'utilisation de l'indice glycémique des aliments doivent être clarifiées. Les raisons de douter de la pertinence de l'indice glycémique (IG) pour choisir ses aliments viennent du fait que l'IG peut être influencé par la nature chimique et physique des aliments consommés ainsi que par des facteurs propres à chacun d'entre nous. Ces facteurs incluent des nutriments tels les différents types de fibres alimentaires, la structure des amidons, les types de sucre, de lipides, le contenu en protéines, en eau, la structure cellulaire, les interactions moléculaires, la distribution des tailles de particules, la présence d'inhibiteurs d'amylase ou d'acides organiques, les méthodes de préparation des aliments (particulièrement les modes de cuisson des aliments) et le degré de mastication.

Dans le rapport *The Dietary Guidelines Advisory Committee on the Dietary Guidelines for Americans 2010*, on conclut que : « Lorsque l'on sélectionne des aliments glucidiques, il n'est pas nécessaire de tenir compte de leur indice glycémique ni de leur charge glycémique. Ce qui est important, c'est d'être conscient de leurs calories, de leur densité calorifique et de leur contenu en fibre. » Les différents rapports américains et européens concernant la consommation de glucides dans l'alimentation humaine concluent qu'il y a des éléments de preuves contradictoires indiquant que les aliments ayant un IG élevé puissent être associés à une augmentation du risque de développer un diabète de type 2 et des maladies cardiaques, particulièrement chez les gens en surpoids ou obèses. Ces preuves sont toutefois insuffisantes pour recommander l'introduction de l'indice glycémique dans les lignes directrices nutritionnelles concernant les autres adultes.

N.B. : Pour avoir accès aux références concernant ce chapitre, consulter l'article du même nom sur jacquelinelagace.net.

Les fibres alimentaires et leurs rôles dans le maintien de la santé.

Les fibres alimentaires, définition et classification

Les fibres alimentaires constituent les éléments structuraux des végétaux que l'on peut qualifier de squelette (externe ou interne). On trouve des fibres alimentaires dans les fruits, les légumes, les légumineuses et les graines oléagineuses. Les fibres alimentaires résistent à l'hydrolyse (digestion) effectuée par les enzymes digestives de l'homme et, pour cette raison, ne sont pas absorbées au niveau du grêle (petit intestin). Ces fibres, qui sont non digérées lorsqu'elles circulent dans l'intestin grêle, sont soumises à leur arrivée dans le côlon à un processus de fermentation partielle ou complète qui aboutit à la libération d'acides gras à chaînes courtes qui jouent un rôle important dans l'homéostasie (équilibre) de l'organisme.

Les fibres alimentaires sont classées en deux grands groupes : les fibres solubles (solubles dans l'eau) et les fibres insolubles. Il faut savoir que les végétaux pourvus en fibres alimentaires contiennent à la fois des fibres solubles et insolubles. Par exemple, les pommes contiennent des fibres solubles sous forme de pectine, dont 15 % se trouve dans la pelure et le reste dans la chair. Elles contiennent également des fibres insolubles sous forme de cellulose, un constituant important de la pelure. Les graines de lins pour leur part, contiennent des quantités équivalentes de fibres solubles et insolubles.

On trouve des fibres solubles hautement fermentables dans les aliments suivants : légumineuses, noix, différentes graines (lin, chia, chanvre), fruits (poires, pêches, agrumes, pruneaux, fraises, bananes fermes, etc.), légumes (oignons, ail, artichauts, asperges, carottes, haricots, choux de Bruxelles, pommes de terre, patates douces, courgettes et courges), céréales (sarrasin, millet, etc.), amidons résistants à la digestion (gomme de guar, inuline).

Les fibres insolubles sont soit à fermentation lente, soit non fermentables au niveau du côlon. On trouve des fibres insolubles à fermentation lente dans les céréales et pâtes faites de grains entiers, les fruits, les légumes et les graines de lin. Les fibres insolubles et non fermentables se trouvent dans la peau des fruits et des légumes (cellulose, hémicellulose), les graines et céréales fortement fibreuses et les noix (lignine).

Comment les fibres alimentaires affectent-t-elles la fonction gastro-intestinale ?

Les fibres alimentaires jouent un rôle majeur dans le fonctionnement gastro-intestinal en augmentant le volume des selles, ce qui améliore le transit intestinal. Les glucides non digérés mais fermentables de ces fibres alimentaires, lorsque ces dernières atteignent le côlon, sont fermentés (partiellement ou totalement) par les bactéries de la flore intestinale (microbiome). La fermentation de ces glucides entraîne la production d'acides gras à courtes chaînes. Les acides gras à courtes chaînes créent une charge osmotique, ce qui favorise leur absorption et leur métabolisation par les cellules du côlon, celles du foie et celles des tissus périphériques. La fermentation des fibres alimentaires influence directement la formation des matières fécales via la rétention d'eau qu'elles entraînent. La fermentation agit également de façon indirecte sur la flore intestinale du côlon en stimulant sa croissance et, de là, la biomasse microbienne. C'est pourquoi les différents types de fibres consommés influencent fortement la composition du microbiome du côlon.

Plus les fibres alimentaires sont insolubles, plus leur effet laxatif et la vitesse du transit intestinal sont augmentés, alors que les fibres solubles ont généralement un effet laxatif plus doux, tout en influençant peu ou pas la vitesse du transit intestinal. Les fibres solubles influenceraient à la hausse et possiblement de façon sélective la croissance de certaines bactéries saprophytes (bonnes bactéries), alors que les fibres insolubles influenceraient de façon globale la croissance bactérienne. La fermentation des fibres alimentaires peut provoquer chez certaines personnes des effets secondaires indésirables, soit la production de plusieurs gaz, tels le dioxyde de carbone, l'hydrogène et le méthane. Ces gaz sont souvent malodorants et peuvent provoquer de l'inconfort sous forme de ballonnements et de flatulences chez les individus sensibles. Ces désagréments affectent particulièrement les personnes qui souffrent de problèmes gastro-intestinaux. Lorsque la fermentation est pratiquement inexistante (p. ex., cellulose), il y a moins de formation de gaz. Pour cette raison, la consommation de fibres non fermentables peut parfois aider à traiter la constipation chez les personnes qui souffrent du syndrome du côlon irritable.

Les bénéfices potentiels des fibres alimentaires pour la santé dépendent des caractéristiques suivantes : plus les fibres sont hydrosolubles, plus elles ralentissent les taux d'absorption du glucose et des lipides à partir du petit intestin grêle, ce qui serait bénéfique puisque cela permettrait de diminuer le cholestérol sanguin et particulièrement le taux de LDL (*low density lipoproteins* ou mauvais cholestérol). D'autre part, les fibres insolubles favorisent la quantité d'eau présente dans les matières fécales, ce qui accélère la vitesse de transit du côlon, incluant celle du péristaltisme (mouvement de l'intestin vers la sortie). Lorsque le transit intestinal est accéléré dû à la présence de fibres insolubles, cela aurait un effet anti-inflammatoire.

L'importance des acides gras à chaînes courtes sur la santé

Les acides gras à chaînes courtes, issus de la fermentation des fibres alimentaires, exerceraient un effet calmant sur l'ensemble du système gastro-intestinal y compris la partie proximale de l'estomac, ce qui pourrait avoir un effet bénéfique sur les symptômes du reflux gastro-œsophagien. De plus, les acides gras à chaînes courtes influenceraient le profil du microbiome intestinal en favorisant la croissance des bactéries bénéfiques. Par exemple, les glucides telle l'inuline (présente dans l'ail, le poireau, l'oignon, l'asperge, l'artichaut) sont considérés comme des prébiotiques qui peuvent stimuler la croissance d'espèces bactériennes favorables à la santé qui résident déjà dans le côlon, telles les lactobacilles et les bifidobactéries, ce qui peut aider les personnes qui souffrent du syndrome du côlon irritable.

Les fibres alimentaires : les recommandations des autorités en santé

Toutes les recommandations récentes émanant des autorités en santé américaines, européennes (EFSA), mondiales (OMS), et du World Cancer Research Fund, concluent que la consommation de fibres alimentaires est associée à une baisse du risque de développer des maladies chroniques ainsi que des problèmes métaboliques. Ces organismes concluent que les fibres alimentaires, en plus d'influencer positivement la digestion et l'absorption des aliments dans le tractus gastro-intestinal, peuvent également favoriser des taux normaux de glucose sanguin, d'insuline, de lipides, de cholestérol, procurer une sensation de satiété, favoriser la balance énergétique, la composition de la microflore intestinale ainsi que le devenir des produits de dégradation. Pour sa part, l'EFSA recommande la consommation de 25 g par jour de fibres alimentaires pour un fonctionnement adéquat de l'intestin chez l'adulte. Cet organisme ajoute en complément que la consommation de fibres alimentaires a des effets favorables sur la pression sanguine, le poids corporel, et réduit le risque de développer un cancer colorectal ou un diabète de type 2. Par contre, le Rome Foundation Working Group (2013) admet que l'efficacité des fibres alimentaires pour améliorer les fonctionnalités lors de maladies intestinales est limitée et que même l'utilisation judicieuse des fibres peut exacerber le gonflement abdominal, les flatulences, la constipation et la diarrhée.

En conclusion, si on se base sur les résultats des travaux du Dr Jean Seignalet et sur les nombreux témoignages reçus (jacquelinelagace. net), le régime hypotoxique peut constituer une solution efficace pour les gens atteints de maladies intestinales chroniques. En effet, les règles alimentaires du régime hypotoxique développé par le Dr Seignalet montrent une efficacité indéniable à mettre en rémission des maladies intestinales telles que le syndrome de l'intestin irritable, la colite, la maladie de Crohn, la maladie coeliaque et le reflux œsophagien, ces maladies faisant partie intégrante de la centaine de maladies d'inflammation chronique susceptibles de répondre positivement au régime hypotoxique.

N.B. : Pour avoir accès aux références concernant ce chapitre, consulter l'article du même nom sur jacquelinelagace.net.

Petit lexique

Agar-agar : L'agar-agar est un gélifiant végétal à base d'algues. Son pouvoir est beaucoup plus fort que la gélatine.

Ail noir : L'ail noir provient d'une fermentation d'un mois à une température contrôlée. Il en résulte une texture de jujube à saveur balsamique et sucrée. L'ail noir contient plus d'antioxydants que l'ail régulier. Les sucres et les acides aminés, à la suite de la fermentation, produisent de la mélanoïdine, ce qui lui donne sa couleur noire.

Aulne crispé : Petit arbre de la famille des aulnes qui vit dans le nord-est de l'Amérique du Nord. Les chatons résineux sont récoltés et séchés. L'épice qui en résulte possède des arômes de moutarde et de sapinage. Au Spa Eastman, le fournisseur est la Société Orignal. On en trouve également sous la marque d'Origina, et dans les commerces spécialisés en épices.

Baies d'épine-vinette : L'épine-vinette est un arbuste. Les fruits de cet arbuste sont des baies rouges. En cuisine, on utilise les baies vertes avec les sauces piquantes et les viandes rôties ; les baies rouges cuites donnent une confiture qui est utilisée dans les desserts. On trouve les baies d'épine-vinette dans les épiceries orientales et dans les commerces d'alimentation naturelle.

Bio-K : Le Bio-K est un ferment lactique ou probiotique. Il est recommandé de consommer des ferments lactiques, qui sont des micro-organismes normaux déjà présent dans l'intestin sain. L'apport de ces ferments lactiques contrebalancerait les effets nocifs de l'alimentation moderne.

Bragg : Le Bragg ou sauce Bragg est une alternative au tamari ou à la sauce soja. Il est sans gluten, sans alcool et non fermenté comme le tamari. Il contient en plus seize acides aminés essentiels et non essentiels de protéines de soja.

Brunoise : Tailler des légumes en brunoise signifie tailler finement, en faisant des dés d'environ 2 × 2 × 2 mm.

Caviar d'algues kelp : Kelp est un mot anglais qui désigne plusieurs espèces de grandes algues brunes. Le caviar fait à partir de ces algues est une alternative économique au vrai caviar pour une qualité gustative surprenante. De plus, son potentiel nutritif est très élevé. On trouve le caviar d'algues dans les magasins bio et les commerces d'alimentation naturelle.

Chaga : Le chaga est un champignon sauvage qui pousse dans la forêt boréale du Canada ainsi qu'en Russie, en Corée, en Europe du Nord et de l'Est et en certaines régions au nord des États-Unis. Des études ont démontré qu'il possède des composants actifs antioxydants, anti-inflammatoires, antiallergiques, immuno-stimulants et antitumoraux. On peut le trouver dans les commerces spécialisés.

Crèmes déjeuners : Ce sont des crèmes de fruits protéinées, donc un déjeuner complet spécialement conçu par Jean-Marc Enderlin.

Déshydrateur : Cet appareil sèche toutes sortes d'aliments à des degrés divers et à des temps de séchage variés. L'activité enzymatique de l'aliment ainsi déshydraté est conservée intacte si la déshydratation se fait en-dessous de 42 °C (107,6 °F). Le déshydrateur est muni de feuilles antiadhésives, aussi appelées « feuilles Teflex » pour y déposer les aliments à déshydrater.

Fleur d'ail fermentée : La fleur d'ail fermentée a une saveur unique, très douce, et sans conséquence sur l'haleine en plus des bénéfices des ferments lactiques. On en trouve dans les magasins spécialisés en alimentation naturelle.

Four vapeur : Le four vapeur préserve mieux les nutriments et assure une cuisson moelleuse, tout en douceur. Comme son coût à l'achat est relativement élevé, il existe également sur le marché le cuiseur vapeur, plus abordable, qui est une très bonne alternative au four vapeur. Pour certains aliments, la casserole vapeur peut aussi être utilisée.

Gomasio : À la base, le gomasio est un condiment composé d'un mélange de sésame grillé et de sel marin. Il s'agit de broyer ensemble les ingrédients. On trouve aussi le gomasio dans les boutiques d'alimentation naturelle et même parfois dans les marchés à grande surface.

Grué de cacao : Le grué est l'éclat de fève de cacao torréfié puis concassé. Il s'agit d'une étape intermédiaire au cours du processus de fabrication du chocolat. On trouve généralement le grué de cacao dans les boutiques spécialisées en pâtisserie et chez les fournisseurs des pâtissiers.

Huile de canola biologique : L'huile de canola non raffinée a un léger goût de moutarde. Elle est aussi plus jaune que l'huile de canola ordinaire. Cette huile est produite par le même procédé que l'huile d'olive de qualité supérieure. Elle n'est pas filtrée et non raffinée, ce qui fait qu'elle est très colorée, épaisse et pleine de saveur, contrairement à l'huile de canola transformée, qui est pratiquement transparente.

Jeune pousse d'épinette blanche : Les jeunes pousses de l'épinette blanche sont cueillies au printemps. Elles ont un goût résineux et légèrement mentholé. On peut en trouver dans les marchés publics au printemps et dans les boutiques spécialisées en herbes, épices et produits du terroir.

Lucuma : La lucuma est un petit fruit provenant de la Cordillère des Andes à saveur d'érable, d'abricot et de vanille. Elle a une valeur nutritive élevée. C'est une bonne source d'hydrates de carbone, de vitamines (niacine, bêta-carotène), de sels minéraux (fer) et de fibres alimentaires. La lucuma est surtout utilisée sous forme de poudre dans les recettes. On trouve ce produit dans les boutiques spécialisées en alimentation naturelle, et parfois aussi dans les marchés à grande surface.

Maniguette : La maniguette est une plante vivace qui produit une gousse brune contenant de nombreuses petites graines. Elle provient d'Afrique. On en trouve dans les magasins spécialisés en épices.

Microplane : La râpe microplane est un véritable outil de précision. C'est une râpe fine en métal qui permet, par exemple, de zester les fruits ou de râper très finement un légume.

Piment d'Alep : Piment doux séché et réduit en poudre. Peut être remplacé par le piment d'Espelette.

Sel de mer : Il faut, préférablement, toujours utiliser du sel de mer, qui contient 84 % de sodium environ et beaucoup plus de minéraux que le sel de table raffiné.

Mélangeur haute vitesse : Mélangeur, *blender*, mélangeur à haute vitesse, Vitamix, Thermomix, sont des instruments de cuisine à peu près équivalents, avec différentes qualités de performance. L'achat d'un mélangeur de qualité est souvent nécessaire en cuisine : c'est un investissement fort utile.

Table des matières

Les recettes gourmandes des deux Louise et de Jacqueline

Soupes

Poissons

Viandes

Légumes

Pâtes

Salades

Desserts et petites douceurs

Quelques recettes de base

La cuisine tonique du Spa Eastman

Petits déjeuners

Smoothies

Craquelins et tartinades

Entrées

Salades

Soupes et potages crus

Index des recettes

Achevé d'imprimer sur les presses
de l'imprimerie Transcontinental